八木式

# プールエクササイズ
# 水中運動でアンチエイジング

アクア・ボディ・コンディショニング・ディレクター／健康運動指導士　八木 香

# はじめに

# 八木式水中運動でアンチエイジング

## 〜水の力（ウォーターパワー）でアナタの悩みを解決します！〜

現在、日本では実に約4人にひとりが65歳以上という世界でも類を見ない「お年寄り大国」になっています（総人口1億2千700万人強に対して、3千200万人強が65歳以上（平成26年2月の総務省の統計による）。一般に総人口に占める65歳以上の割合が21％を超えると、「超高齢化社会」といわれますから、我が日本は「超々高齢化社会」といっても過言ではありません。

そんな時代だからこそ、今私たちに求められているのは、やはり**”医者いらず、薬いらず“の「健康」**なのではないでしょうか？　ところが残念なことに、現実には「あそこが痛い」「ここが辛い」といった高齢者の方々の声が多く聞こえてきます。「寝たきり老人大国」「偽りの長寿国」にならないためにも、ひとりひとりがいつまでも元気で、イキイキと、若々しい人生を送りたいものです。

では、”若々しさ“とはいったい何でしょう？

私は

1に**「姿勢―背筋がしゃんと伸びたたたずまいの美しさ」**

2に**「表情―ほがらかに笑みの絶えない顔」**

3に**「健康的な日々の暮らし」**が若さの重要な要素だと考えます。

そして、これら3つを手に入れることができるのが**「水の力」**なのです。

この本は、「運動は苦手」「今までプールなんて行ったことない」「この年で身体を動かすなんてムリ…」「持病もあるし、身体のあちこちが痛いのに、運動なんてできるわけない」といった方々に無理なく、身体に負担をかけることなく、しかも大きな効果が期待できる水中運動をご紹介しています。

しかも、それぞれの身体の悩み・症状に対応した運動を数多くご紹介しています。もちろん、高齢者だけでなく、日頃運動不足気味のＯＬの方々、成人病予防やメタボ対策を考えていらっしゃる働き盛りの中年男性にもぜひ実践していただきたいものばかりです。

この本を手に取られた方がひとりでも多く実際にプールに足を運ばれ、水に触れることでその〝効果〟を実感し、これからの長い人生をイキイキと送っていただける一助となれば、筆者としてこんなに嬉しいことはありません。

八木 香

# Contents



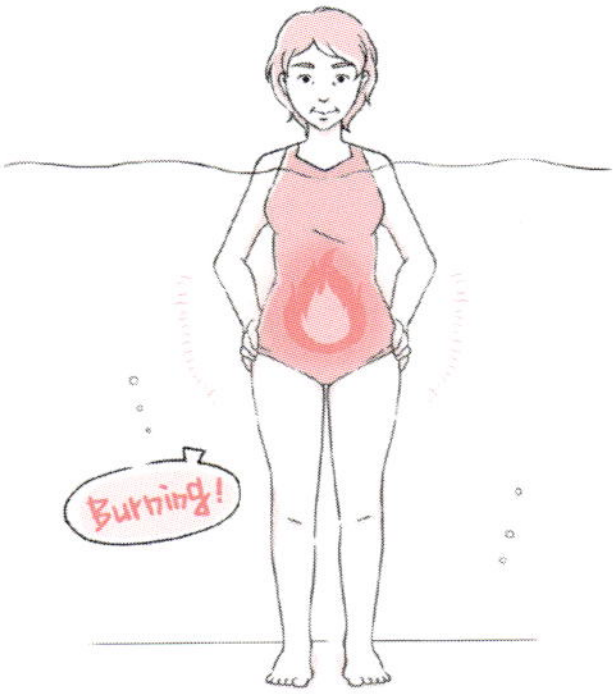

## Lesson Ⅲ 正しい姿勢と歩き方を身につけよう！



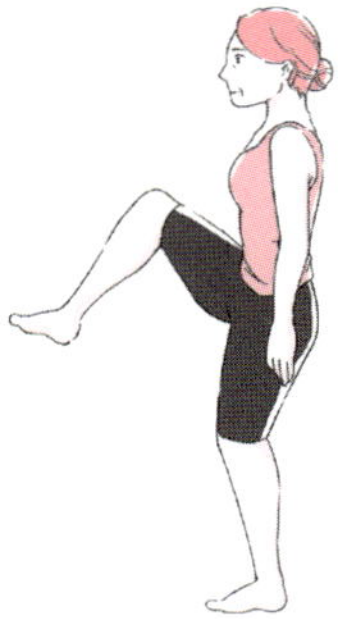

# Contents

# Contents

## 水中運動をはじめるまえに ――７つの注意点――

水中運動は、非常に有効性の高いエクササイズですがいくつかの注意が必要です。持病を持った方、現在通院中の方、医師から薬を処方され服用している方、５年、１０年と特定の部位（肩、腰、ひざなど）に痛みを感じてきた方などは、特に注意が必要です。

### 1. 体調と相談して、決して無理をしない!

体調がよくないときには運動をひかえましょう。また食後間もなくや空腹時は、水に入ることを避けるようにしてください。**食前・食後１時間のインターバルが目安**です。

### 2. “魔の10分間”にご用心

プールスポーツの世界では、入水、退水直後は『魔の１０分間』と呼ばれ、**「事故がおきやすい時間帯」**といわれています。自分の身体に負担をかけないためにも、事前に足先だけプールに入れるなど、**徐々に身体を慣らしていく**ようにしましょう。

### 3. シャワーに始まりシャワーに終わる

**入水時は一時的に血圧が上昇します。**事前にシャワーを浴びるか、プールの水を手足にかけ、水温に身体を慣らすことです。その際、シャワーの水温は**皮膚温度よりやや高め**（＝適温33度）が理想になります。

### 4. 陸上での準備運動は不要です。むしろ禁物！

**準備運動は不要**です。ウォームアップで体温をあげてしまうことで、プールに入ったときに水を冷たく感じ、**心臓に負担**がかかったたり、**血圧の急激な変化**を引き起こすことが考えられます。

### 5. 脱・脱水症状。水分補給（常温の水）は小マメに！

水の中にいると、汗をかいている感覚（自覚）がないため、水分補給を怠りがちです。**脱水症状をおこさないためにも小マメに休憩を取り**、水分補給を習慣づけてください。

### 6. 陸上心拍数マイナス10を目安に努力呼吸を意識

胸まで水に入ると、少し息苦しさを感じます。これは、呼吸時の肺の拡張が水圧によって制限されるからです。**陸上よりも８〜10％程度肺活量が減少**します。目安となる心拍数は、**陸上での目標心拍数のマイナス10程度**で抑えることが重要です。

### 7. 自己判断は厳禁! GOサインは主治医から

機能回復やリハビリ目的で水中運動を行う場合、現在通院している方や薬を服用中の方は、**必ず医師と相談**の上、トレーニングを行うようにしてください。

# Lesson I

## What is aqua exercise?

# 水中運動（アクアエクササイズ）の魅力

# 身体を動かすのは苦手。<br>何年も運動していない…<br>そんな方にこそおススメなのが<br>**水中運動**です！

「水はニガテ。金づちなんだもの」「水着になるのは抵抗がある」「もう年だし、普段運動していないから」などなど…。水中運動を始められる前に、多くの皆さんがそうおっしゃいます。

もし、あなたが同じようなことをお考えでしたら、あなたこそ水中運動にピッタリの方といえます。なぜなら、水中で運動するのは、決して難しいことではないからです。幼児の〝水あそびの延長〟、朝のラジオ体操やお友だちとのウォーキングを、場所を変えて水の中で行うだけ…といったら、驚かれるでしょうか？

でも、実際泳げなくても、また何年も運動を行っていない方、運動神経に自信のない方でもなんの問題もなくできるのが水中運動のいいところなのです。そういった運動音痴で、泳げない、水がニガテだった方にこそぜひトライしていただきたいのです。

また声を大にしていいたいのは、水着になるのはちっとも恥ずかしくありません。なぜならプールにやってくる皆さんは「健康になりたい！」という目的でいらしていますから、だれも貴方の水着姿を気にしたり、ましてや体型を笑ったりしたりしません。

また、ご自身が「恥ずかしい…」と思うのは、最初のうちだけです。3か月もすれば、(個人差はありますが…)体型や体調の変化を感じて、ご自分の水着姿が誇らしいものになるハズです。そう自信をもって断言できるだけの力(＝パワー)が水にはあるからです。

# "水の5大特性"について知ろう。水にはこんなに素晴らしい力《パワー》が！

具体的に水の持つ力（パワー）について、お話ししましょう。ちょっと専門的になりますが、水には**「水流」「抵抗」「浮力」「水圧」「水温」**（プラス「成分」）という陸上にはない5つの特性があります。（成分はプールによって違いますので、ここでは5大特性とさせていただきます。）そして、これらの特性をうまく利用することで、陸上では不可能な運動（動き）が水中では簡単にできてしまうのです。

また、体力増強や肉体改造、運動をしている人のサブ・トレーニングはもちろんのこと、一般的健常者から高齢で体力のない方やリハビリ目的の機能改善を主眼としている方々まで、それぞれの目標・目的に応じて柔軟な活用が可能なところが水中運動のいいところなのです。

しかも、陸上で身体を動かすのと比べると、身体にかかる筋肉や関節への負担が浮力により格段に少ないのです。これこそが、高齢の方や普段運動をあまりしていない方、体を動かすのが苦手な方、病気やケガの予防・治療、機能改善目的のリハビリをなさっている方たちにおススメしたい最大の理由でもあるのです。

では、いったい水の何が身体にいいのか？　どういった効果を私たちにもたらしてくれるのか？　次のページで水の持つ5つの特性《水流》《抵抗》《浮力》《水圧》《水温》について簡単に説明していくことにしましょう。

# 水の5大特性がもたらす7つの効果《ミラクル》とは？

水には素晴らしい“力”があります。特に身体を動かしてエクササイズをしなくても、水中にいるだけでも身体的に変化が起きます。また肉体的な面だけでなく、目に見えない身体の内側（＝メンタル面）でも様々な変化・改善が期待できます。次に、水の特性がもたらしてくれる代表的な効果７つを紹介します。

## 水流

### 水の流れに身を任せ～♪ マッサージ効果！

水中ではフラッター現象（旗がゆらめく状態）と呼ばれる〝皮膚のゆらぎ（皮膚の動き）〟が自然と起こります。これは水の抵抗や水流が身体全体をさすったり押したりすることで起きる表皮の〝ゆらめき〟のことです。結果的に皮膚を刺激し、運動をつかさどる中枢神経を刺激します。これにより、人間が本来持っている正常な運動機能を引き出してくれるのです。つまり水中では〝ソフトなマッサージ〟〝低刺激の指圧〟〝ソフトな乾布摩擦〟を受けている状態といえます。

水に入って身体を動かすことで、体は水流・抵抗・浮力・水圧・水温など様々な刺激を受けます。特に皮膚より冷たい水の中では交感神経が優位になりますが、プールから出ると副交感神経が優位になることで免疫力がアップします。「プールに通うようになったら、風邪をひきにくくなった」という声を多く聞くのは、こういった理由のためです。

　また花粉症などの免疫系に関係する症状などは、この自律神経がゆらぐことで安定し、緩和されるのです。

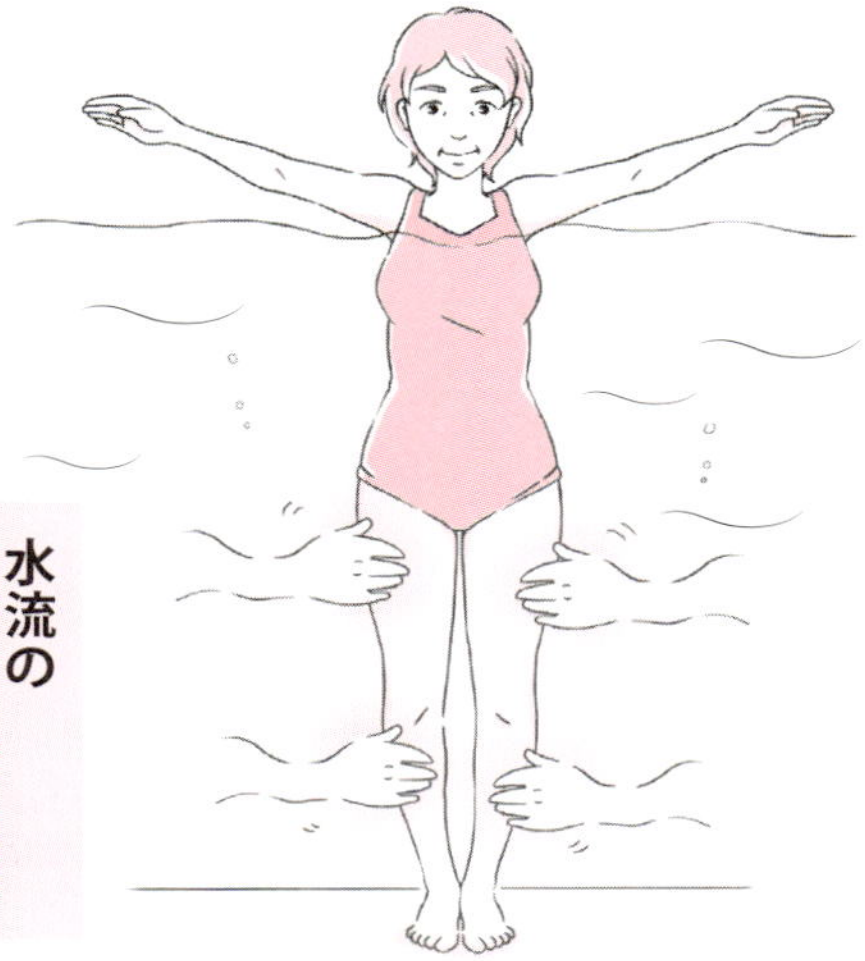

水流のマッサージ効果

# 抵抗

## 水中では、年齢や体力、目的に応じた運動が可能！

　水中では陸上ほど自由に身体を動かすことはできません。これは水の抵抗によるものです。水の密度は空気の800倍といわれていますから水中では歩くことだけでも結構な重労働なのです。

この抵抗をうまく利用することで、自分の体力や目的に応じた効果的なトレーニング（運動）が可能になるのです。

# 浮力 1

## ストレッチ効果でケガ知らずの柔軟な身体に変身！

水に入ると身体が浮きやすくなります。この浮力を利用することで身体は重力から解放されて体重を支えている筋肉の緊張が緩むので、陸上よりも身体に負担をかけずに運動ができ、同時に腰痛やひざ痛、肩の痛みの緩和・改善、また心身のストレスの緩和、血圧の安定などの効果をもたらしてくれます。

**浮力により筋肉の緊張が緩む**

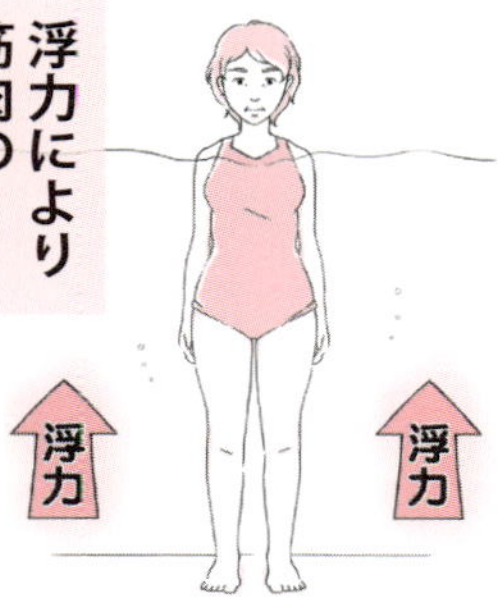


# 浮力 2

## 関節の痛み知らずでラクラクトレーニング！

水中に肩まで浸かった場合、浮力により体重は陸上の10分の1程度に減少します。陸上でジョギングをするとひざなどにかかる負担は体重の約3～5倍といわれていますから、体重50kgの人なら150～250kgにもなります！

ところが、水中では10分の1程度ですむわけですから、腰やひざ、足首の関節にかかる負担は限りなくゼロに近くなります。

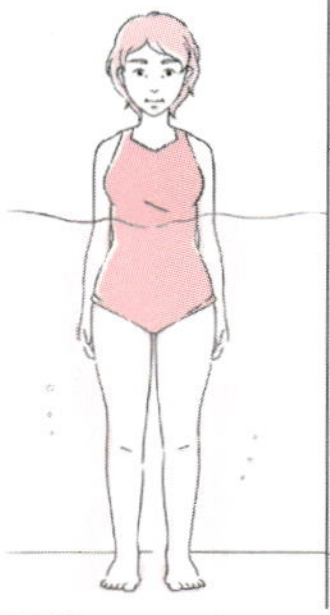

**体重が50%になる**
［60kgの人は約30kgになる］

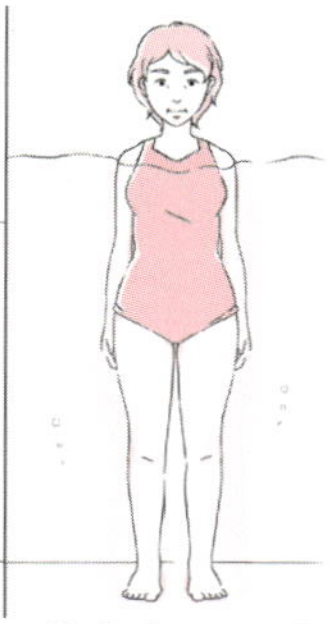

**体重が10%になる**
［60kgの人は約6kgになる］

# 水圧 1

## 水圧が有酸素効果を生む！

浮力と同様、水に入ると水圧がかかります。水圧により血管が収縮し、末端の静脈血流や全身の血液循環が促進されるので、心臓の負担が軽減され、循環機能の働きが活発になります。いってみれば、水中にいるだけで有酸素運動を行っているのと同様の効果があるのです。

また水に入るとトイレが近くなりますが、水圧によって腎臓のまわりの血液量が増えて腎機能が活発になり、尿量が増加するからなのです。

## 血流・リンパの流れがサラサラ、足のむくみが解消！

水圧は水深に比例して大きくなります。仮に肩まで水中に入った場合、胸部よりお腹、お腹より太もも、太ももよりふくらはぎにより大きな水圧がかかります。

つまり上肢より下肢にかかる水圧が高く、これが血管の還流を促進して心臓の負担を軽減し、循環機能を活発にしてくれます。水中に立っているだけでも心臓に血液が戻りやすくなり、また同様にリンパの流れも促進されることで、足のむくみが緩和できます。

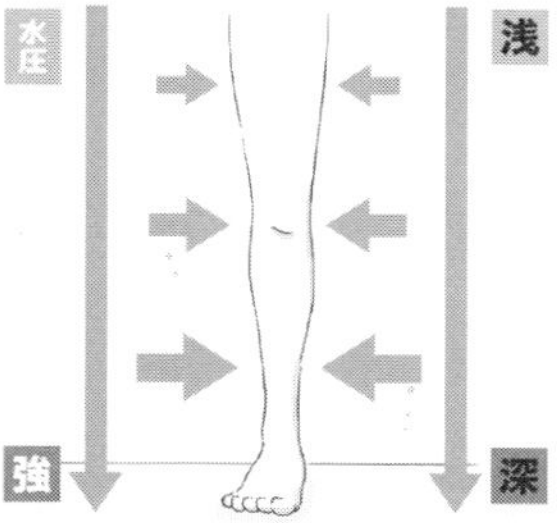


水深に比例して水圧は強くなる

# 水圧 2

# 水温 7

## クールに脂肪を燃焼させて、スリムに変身

一般的にプールの水温は、人間の体温より低く設定されています（30度〜33度程度）。体温より低い水温のプールに入ると体内の熱が奪われます。すると身体は体温を維持しようと、通常よりも活発に体内で脂肪を燃焼させるので、ダイエット効果が期待できるのです。

**水中にいるだけでもダイエット効果がある！**

## 守るべき2つのこと

水にはこのように素晴らしい効果がありますが、水中運動では、次の2つのことをしっかり守ってくださいネ。

**①運動中は適度な休憩と、小マメな水分補給を心がけること。**

**②「吸って、吐いて」の「呼吸」をしっかりと繰り返すこと。**

また、本文中で紹介している各エクササイズやストレッチの回数や時間は、あくまでも目安です。

ご自分の過去の運動歴や、体力、その日の体調などを考慮して加減してみてください。

# Lesson Ⅱ

## Anti-aging

老化に打ち勝つ
身体づくり！

# 身体機能が衰える原因は？

ここ数年**「アンチエイジング」**という言葉をよく耳にします。直訳すると**「抗老化、抗加齢」**ですが、日本語としてわかりやすくいえば**「老化防止」**といったことになるでしょうか。

残念ながら老化はだれにも訪れ、避けて通ることはできません。そして、加齢による身体機能の衰えも避けることのできない宿命です。「出歩くのがおっくうになった」「ちょっとした段差でつまずきやすくなった」「階段の上り下りで息があがる」「ちょっと歩くと太ももやふくらはぎが痛くなる」など…。

こういった現象は、中高年の方ならだれしも思い当たることがあるはずです。でも、「もう年だから」「今さら手遅れ」「身体を動かしたくても、時間がない」と何もせずに、ただ手をこま

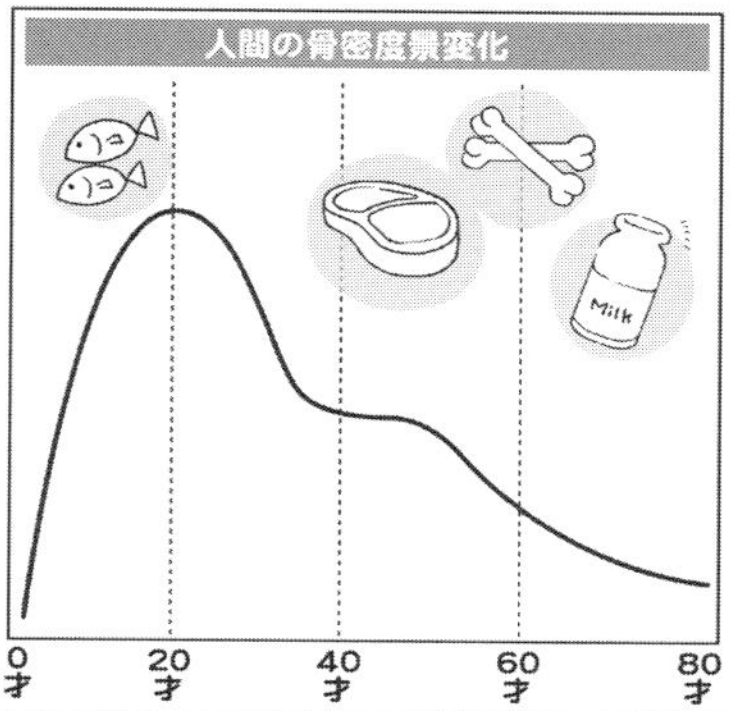


ねいているだけでは、それこそ身体の機能は衰える一方です。

ところで**身体機能が衰える原因はいったい何なのでしょうか？**

まず**「経年劣化」**があげられます。自然の摂理で筋量、骨量などは年とともに自然と減っていきます。また関節や身体の節々の"潤滑油"が少なくなっていくのはしかたがないことです。

生物学的にいうと、人間は20歳を超えると、身体的機能は低下の一途をたどります。具体例をあげると、筋肉の場合、男女とも20~30代ごろをピークに徐々に筋量が減っていき、中高年期になると大幅に減少し、80歳までにはピーク時の「30~40%」にまで低減してしまうのです。

そして、もう1つあります。**「運動不足」**です。使わないと、筋肉は衰えます。脚も腕も心臓も筋肉でできていますから、弱くなります。つまり、オーバーワークにならない程度に、肉体を鍛える必要があるということです。

# 「老化防止」になぜ水中運動なのか？

ジョギング、ラジオ体操、ストレッチなどの運動は高齢者でも取っつきやすいという理由から、すでに始められている方も多いかと思います。

ところが、これらの運動は当然のことながら陸上で行います。陸上には重力があるため、これが身体に負担になり、急に始めると腰やひざ、足首を痛めてしまうことが少なくありません。

**水中運動をおススメする最大の理由のひとつが、こういったケガや痛みのリスクが少ない**ということなのです。

具体例をあげましょう。ジョギングの場合、ひざにかかる負担は体重の約３～５倍といわれています。つまり体重50kgの人がジョギングをすると、1歩ごとにひざに１５０kgから２５０kg

もの負荷がかかるわけです。加えて腰や股関節、足首といった関節にも相当な負担がかかることは容易に想像できるでしょう。

ところが、水中では仮に肩まで水に浸かった状態では、**浮力のおかげで約10分の1にまで体重が変化**します。また、着地の際の足首やひざにかかる負担も水の抵抗がクッションになり、限りなくゼロに近いものになります。

こういった理由から、陸上で40分、50分とウォーキングするよりも、水中では疲れや痛みが軽減されるだけでなく、ケガや事故の防止、痛みの緩和につながるというわけです。

# 「運動器障害」対策にも絶大な効果をもたらす

「アンチエイジング」とともに、近年よく耳にするようになった言葉に**「ロコモ」**があります。正しくは**「ロコモティブ・シンドローム」**といい、日本語に訳すと**「運動器症候群」**です。**「筋肉、骨、関節、軟骨、椎間板《ついかんばん》といった運動器のいずれか、もしくは複数に障害が起き、歩行や日常生活に何らかの障害をきたしている状態」**のことをいいます。

「ロコモ」の概念は、２００７年に日本整形外科学会によって提唱されたものですが、まさに超高齢化社会の日本のみならず世界中の先進国が抱える大きな社会問題といえます。「ロコモ」は、初期段階では腰痛やひざ痛などの症状が現れることがあります。しかし、**放っておくと、やがて骨粗鬆症《こつそしょうしょう》や変形性関節症、変形性脊椎《せきつい》症といった重篤な病気にまで悪化する可能性が高くなります。**さらに進行・悪化すると、**要介護や寝たきり**になるなどのリスクが高い状態におちいってしまいます。

また、このような自覚症状のない方でも、年とともに「姿勢が悪くなった」「動くと疲れやすい」「段差につまずくことが増えた」といった、一見些細な症状から、徐々に「ロコモ」へと進行することもあるので、注意が必要です。

一節には、「ロコモ」人口は、予備軍も含めると、およそ４７０万人といわれています。

**水中運動は、筋力のアップや身体の柔軟性を高めることで、こういった骨や関節を含む運動器障害のリスクを減らし、寝たきりや要介護の予防につながる**と考えられています。

水中運動が「ロコモ」対策（運動機能回復、運動器障害の予防）に効果的であることを述べましたが、**「なぜ水の中の運動が運動機能回復に効果的」**であるのか、もう少し詳しくその科学的な理由を説明したいと思います。

大きな理由は、水中での運動が、陸上の運動よりも、**血流のスムーズな流れを促進する**からです。昔風の表現なら「血の巡りがよくなった」結果、循環器系の働きがよくなり、結果的に脳（細胞）が刺激を受け、活発に活動することで運動系の機能が復活するのです。

また、当たり前のことですが、プールに入ると肌の露出が多くなります。「冷たい」「微妙な水の動きを感じる」「体が軽く感じる」「思うように前に進まない」など、多くの情報が皮膚を通して脳の中にある「運動野《うんどうや》」という部分に伝えられるため、陸上での運動よりも脳の活性化に役立ち、運動機能の回復・改善を促してくれるのです。

# 認知症予防にも水中運動が効く！

水中運動の優れている点は他にもあります。その一つが、認知症予防です。水から受ける刺激が、脳の活性化にとても役立つことは既に述べましたが、これにより、結果的に運動機能面だけでなく、**物忘れをはじめとする認知症予防や脳の老化防止にも非常に役立つ**ということです。

さらに、最初はひとりでプールに通っている方でも、回数を重ねるうちに顔見知りができ、声を交わすようになり、会話が弾み、互いの情報を交換することで脳は新しい刺激をたくさん受けます。

また経験を積むなかでスクールやレッスンを受けるようになれば、先生の指示を聞き、動きを理解し、実際に身体を動かすために頭はフル回転で働くはずです。

# 更年期障害の諸症状を緩和してくれる

加齢による身体機能の衰え、各種弊害のほかに、女性の場合は、一般的に閉経前後に悩まされる更年期特有の障害が加わることが多いです。**イライラ、顔のほてり、身体のダルさ、口の渇き、血圧の上下降、多汗、脱力感、手足のしびれ感、疲労感、無気力感、耳鳴り、憂鬱感**などなど。更年期障害の症状は実に多岐にわたります。

これらの諸症状が「老け込み」の遠因になることは疑いのないところです。

その主な原因ですが、**閉経前後に女性ホルモンのバランスが崩れることで自律神経がバランスを崩し、失調を起こす**ことでこういった様々な症状をもたらすのです。

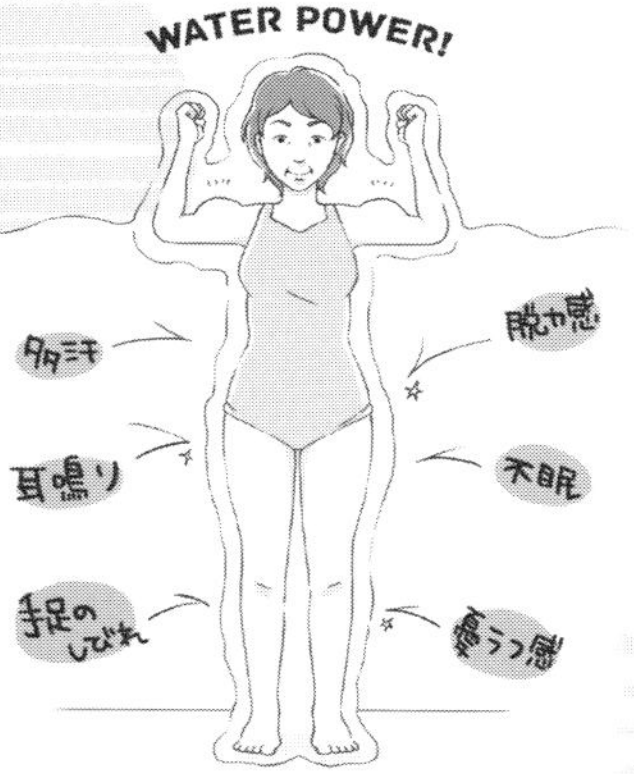


では、**自律神経のバランスを整え、失調を整えるのにはどうしたらいいのでしょう？**

自律神経には交感神経と副交感神経があることは皆さんもお聞きになったことがあるかと思います。**水中運動は、この交感神経と副交感神経のバランスをとる効果に優れている**のです。

人間は母胎の中にいるあいだは、水中生活をしてきたわけです。つまり、人間にとって水の中にいること、水に身をゆだねていることは極めて自然なことであり、一番リラックスできる状態なのです。

実際、私がレッスンを行っているクラスの生徒さんからは**「血圧が下がった」「脱力感がなくなった」「夜、よく眠れるようになった」「顔のほてりが収まった」「食欲が出て、食事がおいしく感じられるようになった」**といった更年期障害の症状緩和に役立っている声を多く聞きます。

# 外見と内面の美しさをバランスよく手に入れる

「アンチエイジング」と聞くと、多くの方が「美肌美白」「ダイエット食品」「サプリメント」など〝美容的〟イメージを思い浮かべるのではないでしょうか？

確かに外見的な美しさも老化防止要素のひとつではあります。

では、**いくつになっても「若々しく、いきいきと、はつらつとした生き方」とはどういったことでしょう？**

**そもそも「美しさ」「若々しさ」とはなんでしょう？**

私は次の３つの要素が大切だと思っています。

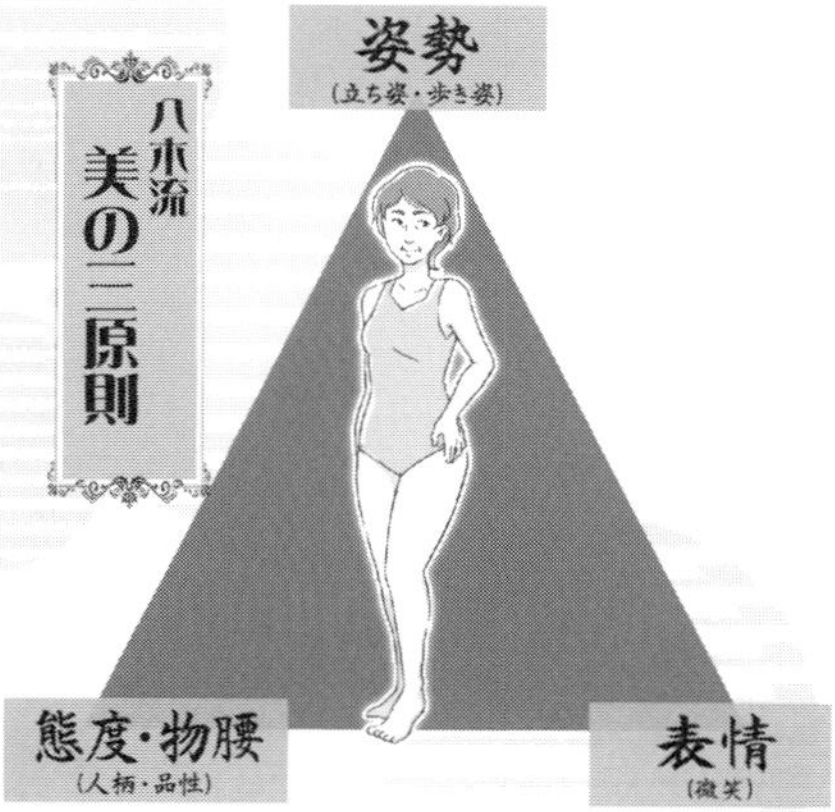


これら3つをバランスよく身にまとった方は、例外なく「若々しく」「年齢を感じさせず」「実年齢より若く見え」「イキイキとし」「はつらつとして」輝いてみえます。

この本をご覧のみなさんが、「いくつになっても若々しく健康的に生きたい！」「身体の痛みや、心の悩みとは無縁の老後人生」を望んでいらっしゃるのなら、ぜひ水中運動をおススメしたいのです。

**姿勢**
生き方、立ち姿、
歩き方を含めて

**表情**
明るく、
ほがらかな笑顔

**態度物腰**
気くばり、協調性、
思いやり、和気あいあい

# アンチエイジングは1日にして成らず

だれもが同じようなスピードで機能が衰えていくかというと、そんなことはありません。当然のことながら個人差があります。医学的には「生物学的年齢は同じでも、身体機能的にも外見的にもプラスマイナス7歳程度の違いが生じる」ということがいわれています。

生年月日が同じ、もしくは同じ年に生まれながら最大で約15歳近い隔たりが生じ、見た目も身体能力も「まるで親子ほど」違ってしまうこともあるかもしれません。

しかし加齢による身体機能の衰えを防いだり、場合によっては痛み・苦痛を和らげることは十分可能です。それにともない、実年齢に近い、もしくはそれより若く見える外見も手に入れる

ことができるはずです。

ただし、残念ながら「物忘れが完全に消えてなくなる」「ひざの痛みを全く感じなくなった」「20代、30代の頃の俊敏性が復活する」といったことはありえません。しかし、緩和、状況の改善、進行の妨げ、進行を遅らせるといった効果は十二分に期待できます。

まずは3か月を目標に、**週に2日。できれば週に3日プールに通ってみてください。**

**1回1時間程度の水中運動で、アナタの身体は必ずや嬉しい“変化”を起こすハズ**です。個人差はあるものの、心身ともに必ずやなにかしらの違いが生まれるはずです。

私はそう断言します！

なぜなら、水にはそれだけのパワーがあるからです。

## Column 教えて八木先生 1

### Q 私は太っているので、人前で水着になるのが恥ずかしいんですけど…

A そうおっしゃる方、けっこう多いんですよね（笑）。でも、実際のところ体型を気にしているのはご本人だけで、まわりの人はあまり気に留めていません。なぜなら、みなさんそれぞれ目的を持ってプールにやってくるので、**他の方の体型のことなどあまり気にされておりません。**ですから、だれもアナタが太っているとか笑ったりしませんからご心配いりませんよ。

また、恥ずかしく思うのも最初のうちだけで、**2回、3回と足を運んでいるうちに気にならなくなる**ものです。どうしてもご自身の体型が気になるようでしたら、体型をカバーするような水着もありますし、色やデザイン等で体型をフォローしたりと、洋服と同じような感覚で楽しんでみたらいかがでしょう？

---

### Q 朝・昼・晩、いつ運動するのがいいんでしょう？

A 水中運動にかぎらず、**起床直後や就寝前は、激しい運動はひかえたほうがいい**といわれています。これは、起床直後はまだ脳も身体も半分寝ているような状態ですし、睡眠前の運動は脳や身体が興奮して睡眠を妨げることにつながるからなのです。

ですから、**朝起きてから2～3時間後。また、夕飯前までには終えられるのが理想**かと思います。なお、すでにお話ししましたが、**空腹または満腹状態で運動するのは危険です。運動を始める最低30分以上前に軽く食事しておく**のが良いでしょう。

# Lesson Ⅲ

## Body-conscious

正しい姿勢と歩き方を
身につけよう！

まずは自分の姿勢をチェック！

# 正しい姿勢で立つ〝若々しさ〟の基本

「いくつになっても元気で、若々しい」と言われる人は、皆さん例外なく「立ち姿が美しく」「背筋がピンと伸びた歩き方」をしています。水中運動に限らず、陸上での運動やトレーニング、また日常生活においても、姿勢は非常に重要です。「正しい姿勢なくしてさしたる効果なし」と断言できます。「水中運動、水中ウォーキングは、正しい姿勢から」を頭に入れて、まずは姿勢矯正から取り組みましょう。

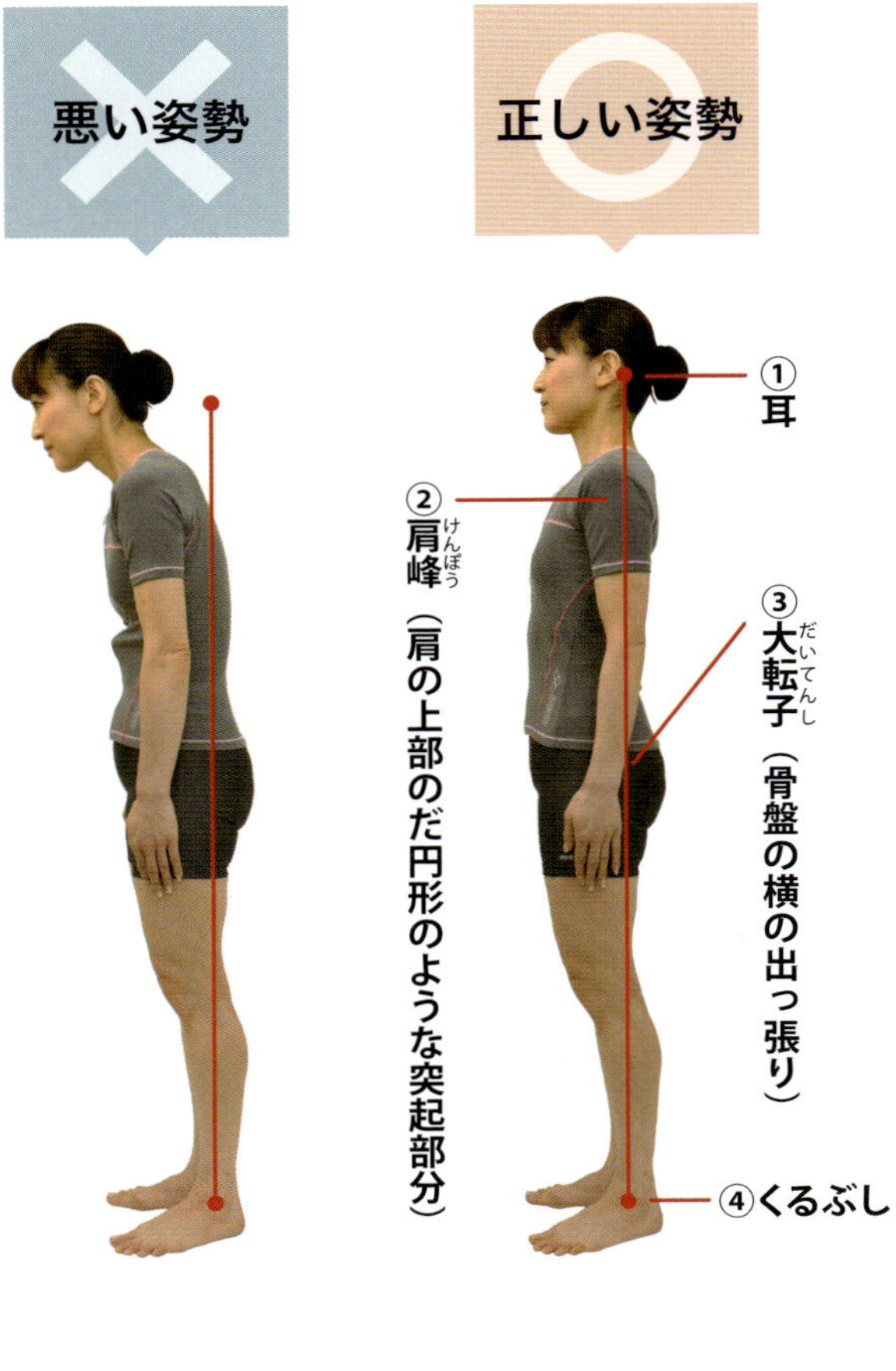

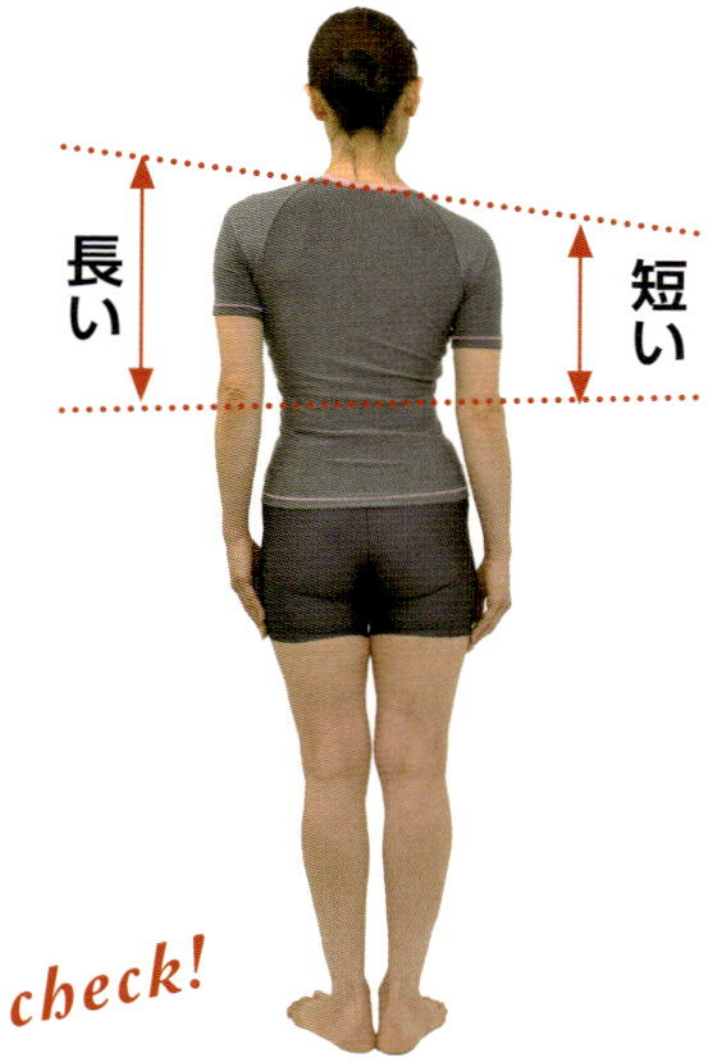


## 後方確認でゆがみをチェック

この姿勢では、右肩が下がっていることがわかりますね。原因としては、**右肩側の酷使で筋肉が縮んで硬くなってしまった**ことが考えられます。

改善策ですが、ストレッチで柔軟性を引き出す必要があります。また、左肩側は筋肉が引っ張られて伸びきっていますから、筋肉をつけるトレーニングが必要になってきます。

## “ゆがみの原因”

バッグをかける方の肩は、自然と肩を持ちあげる動きをしてしまいます。いつも同じ肩側にバッグをかけたり、持つようにしていると、逆側の肩甲骨周辺の筋肉が縮んだ状態になってしまい、ゆがみの原因になります。

家庭やオフィスで定位置が決まっている場合、テレビなどを、ある一定の方向からだけで見続けていることになり、同じ筋肉が伸びっぱなし、もしくは縮みっぱなしになり、ゆがみの原因にもなります。

## その猫背が〝老けて〟見える原因。

# 背筋を伸ばせば、5歳若返る！

姿勢が悪いと、それだけで実年齢より老けて見えます。悪い姿勢の代表格としてX脚、O脚、猫背の3つがあります。なかでも、猫背は見た目だけでなく、胸郭《きょうかく》を圧迫することで呼吸が浅くなり、免疫力の低下を招きます。

また、正しい姿勢で運動するのと比べ、やせにくい（＝効果が出にくい）などの弊害があるので、注意が必要です。

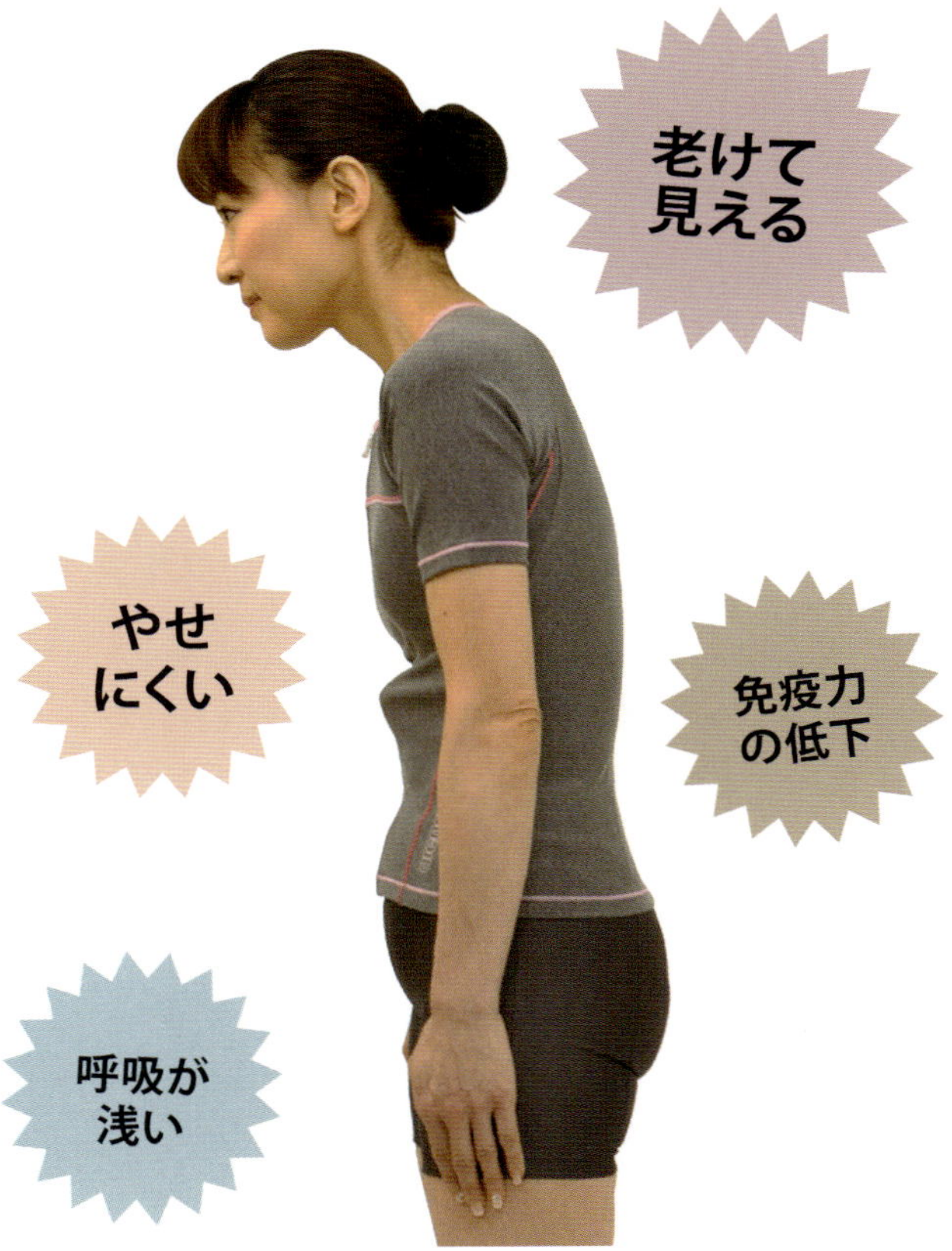

このような**浮き足状態だと、どうしても重心が後ろに乗っかってしまい**、「まっすぐな姿勢」がとれません。

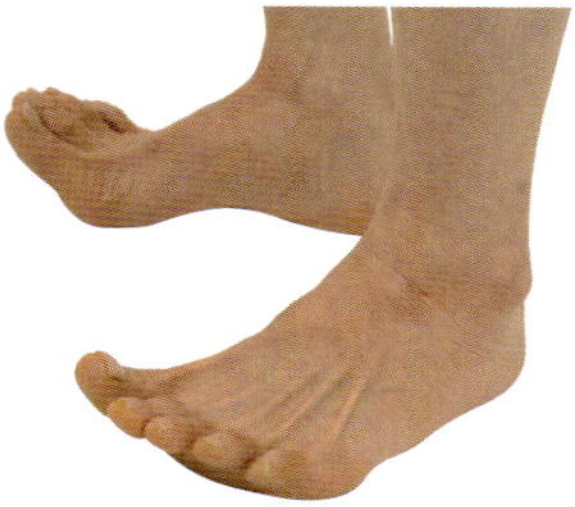

## 婆 浮き足

腹筋が弱く、前傾が強い姿勢。お尻とアゴが突き出た“典型的な老人”のイメージ。この姿勢でウォーキングすると、**通称“ 婆さん歩き ”**になります。こちらは、タレントの志村けんさんが演じるヘンな婆さんのイメージでしょうか。

## 爺 かかと体重

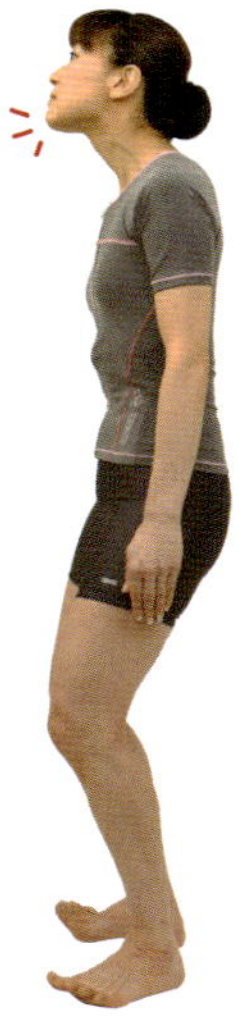

典型的なかかと体重。「腰が落ち、アゴが前に突き出た猫背状態」です。この姿勢でウォーキングすると、**通称〝爺さん歩き〟**になってしまいます。タレントの加藤茶さんが演技するヘコヘコ歩きのイメージですね。

### チョットした段差につまずきやすくなった①

# 転倒防止は、まず足裏の鍛錬から!

人間は、わずかな面積しかない足の裏で全身を支えています。足の裏を鍛えることは、高齢者が抱える問題のひとつである転倒の防止につながります。靴を履かずに、はだしで行うこのエクササイズは、足指の地面をとらえる力やバランス感覚を鍛えることができます。家庭やオフィスなどでも行うことが可能なので、ぜひお試しください。

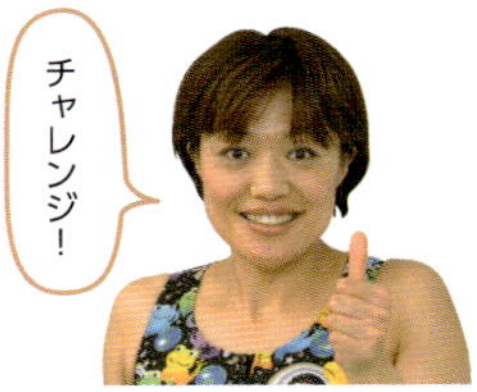


## フットシャクトリー

**パー**

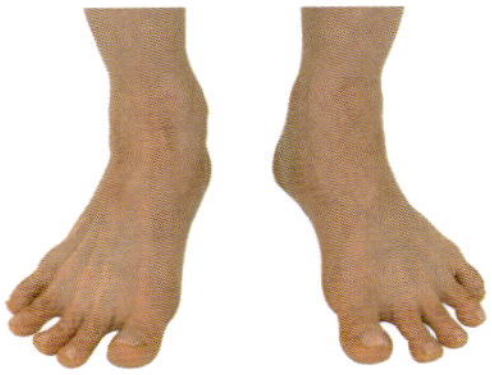

**足の指【パー】**
まず指を目いっぱい開きます。

水中運動　陸上運動

**応用上級編**

**難易度** ★★☆

陸上運動

足もとに広げたタオルを足指でたぐり寄せられますか? **足がつらないように気をつけながら**チャレンジしてみてくださいね。

運動目安
10回〜20回

グー

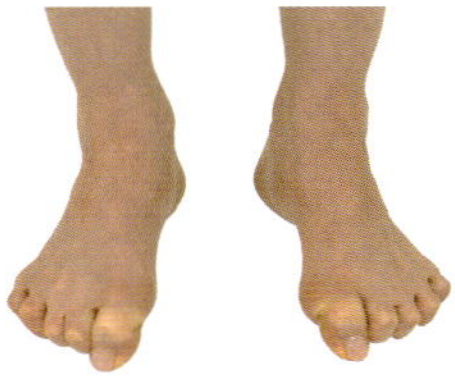

**足の指【グー】**
グーで地面をつかむように進みます。

パー

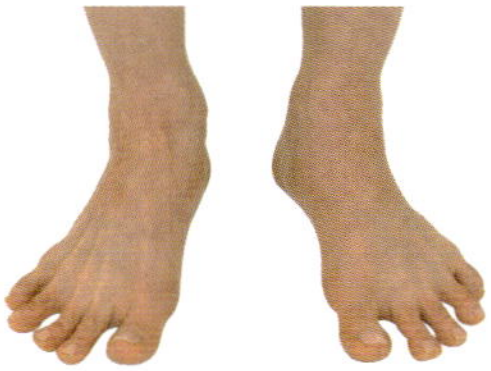

**足の指【パー】**
前進したら、またパーに戻り開きます。以下、この繰り返しです。

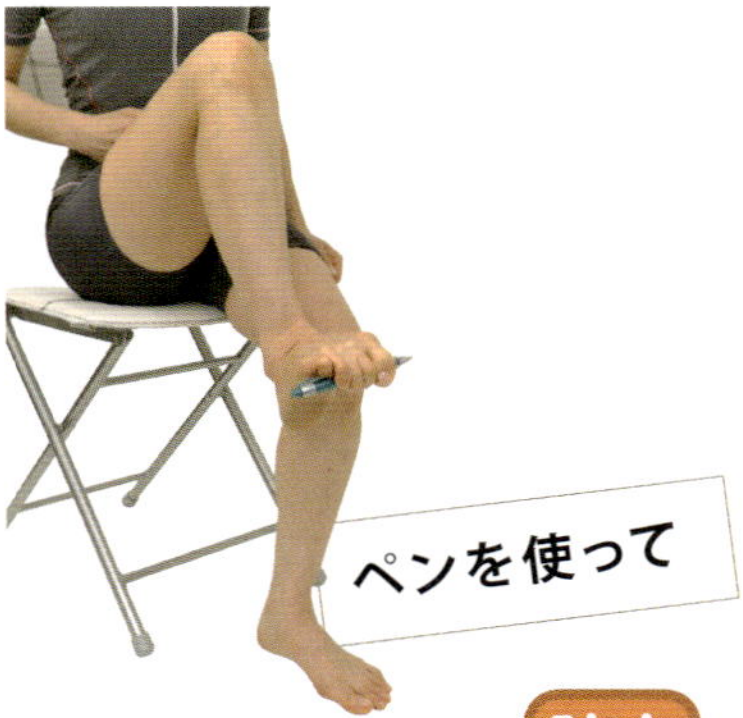


難易度 ★★★
陸上運動

足指の柔軟性が出てきたら、**地面に落ちているものを“足指クレーン”でキャッチ**してみましょう。シャープペンなど細いものは、難易度が高いです。

難易度 ★★☆
陸上運動

イスに座ってトライしてもいいですね。立って行うと、同時に太ももの筋肉を鍛えられますし、**バランス感覚を養う効果も期待**できます。

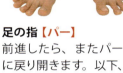

## チョットした段差につまずきやすくなった②

# ADL（日常生活動作）の向上には、これ！

高齢者の転倒は、高齢化社会が抱える深刻な問題のひとつといえます。なぜなら、転倒↓骨折↓寝たきり↓医療費負担のひっ迫という悪循環を招くからです。つまずき・転倒は、3センチ程度の段差・突起物でも十分起こるといわれています。バランスを失わずに安全に歩くためには、前後左右どの方向に対しても瞬時に、スムーズに足を踏み出せなければいけないのです。この運動は、ADL（日常生活動作）の向上や転倒防止に役立つトレーニングです。

### サイドクロスウォーキング

水中運動

**姿勢は正しく正面に。**両足は肩幅か、それより少し広めに。

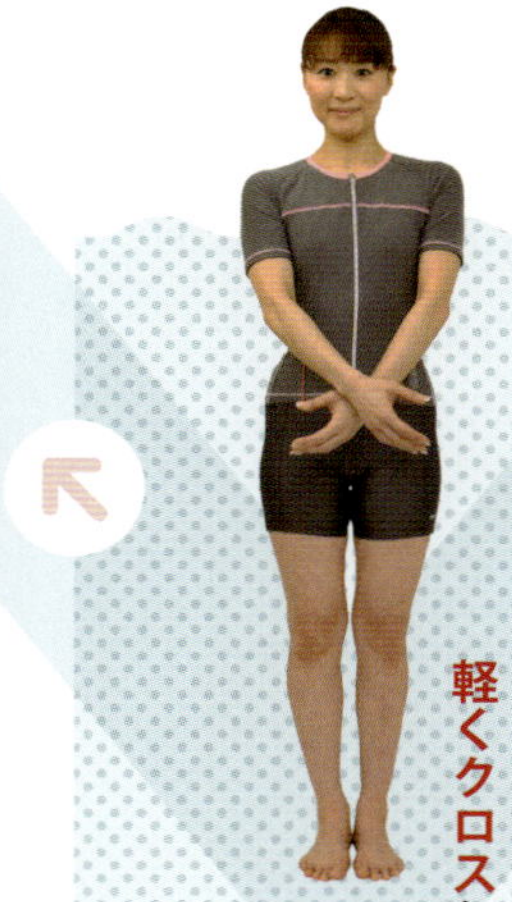

開いた足をそろえながら、**両腕を身体の前で軽くクロス**します。

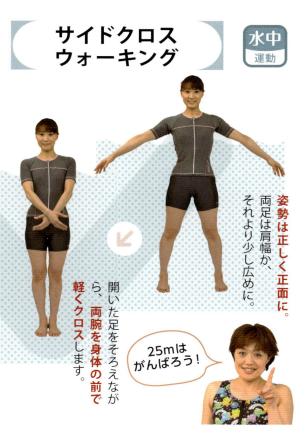

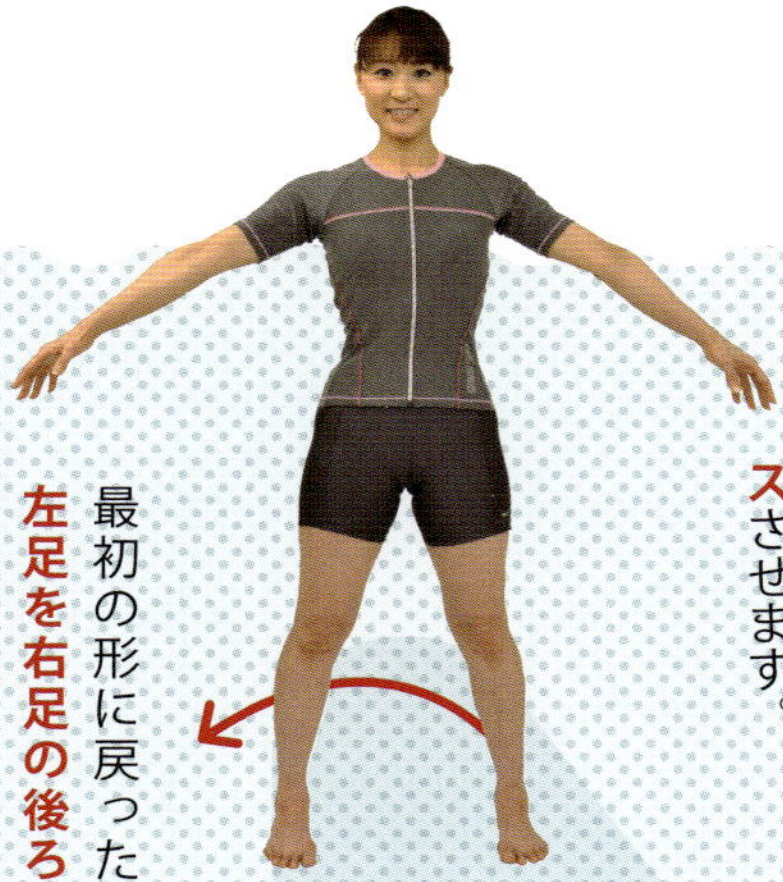

最初の形に戻ったら今度は**左足を右足の後ろに向かってクロス。**

**後ろでクロスするときは、歩幅が狭くなってもOK。**逆方向も行うと体のバランスがとれますよ。

またスタートのポーズに戻ります。**かかとから入るように左足を右足の前でクロス**させます。

腰を正面に固定しながら、今度は**右足を真横に引き出し**ます。

**運動目安**
25m プール
**1** 往復

## 以前よりも歩幅が短くなった気がする

# ヨチヨチ歩きストップは、足腰強化から

足腰の衰えは、年とともにひどくなります。一番の要因ですが、脚力の低下（＝筋肉が落ちること）で、踏ん張りがきかなくなるのです。浮力効果で、ひざや足首に負担がかかりにくい水中だからこそ可能なこの運動で、足の筋肉の衰えを防止しましょう！　特に弱いほうの足が鍛えられることで、身体のバランスが取れ、体幹の強化にもつながります。

## 壁のぼり運動

水中運動

運動目安
左右各10回×2セット

*start!*

1. **腕をまっすぐに伸ばし**て、指先が壁に触れる位置に立ちます。

**ここがPOINT**

**母趾球《ぼしきゅう》（＝親指の下のふくらんだ部分）と太ももの前部を意識！**

**ここがPOINT**

**かかとをあげるのと同時にお尻をキュッとしめると、効果が倍増！**

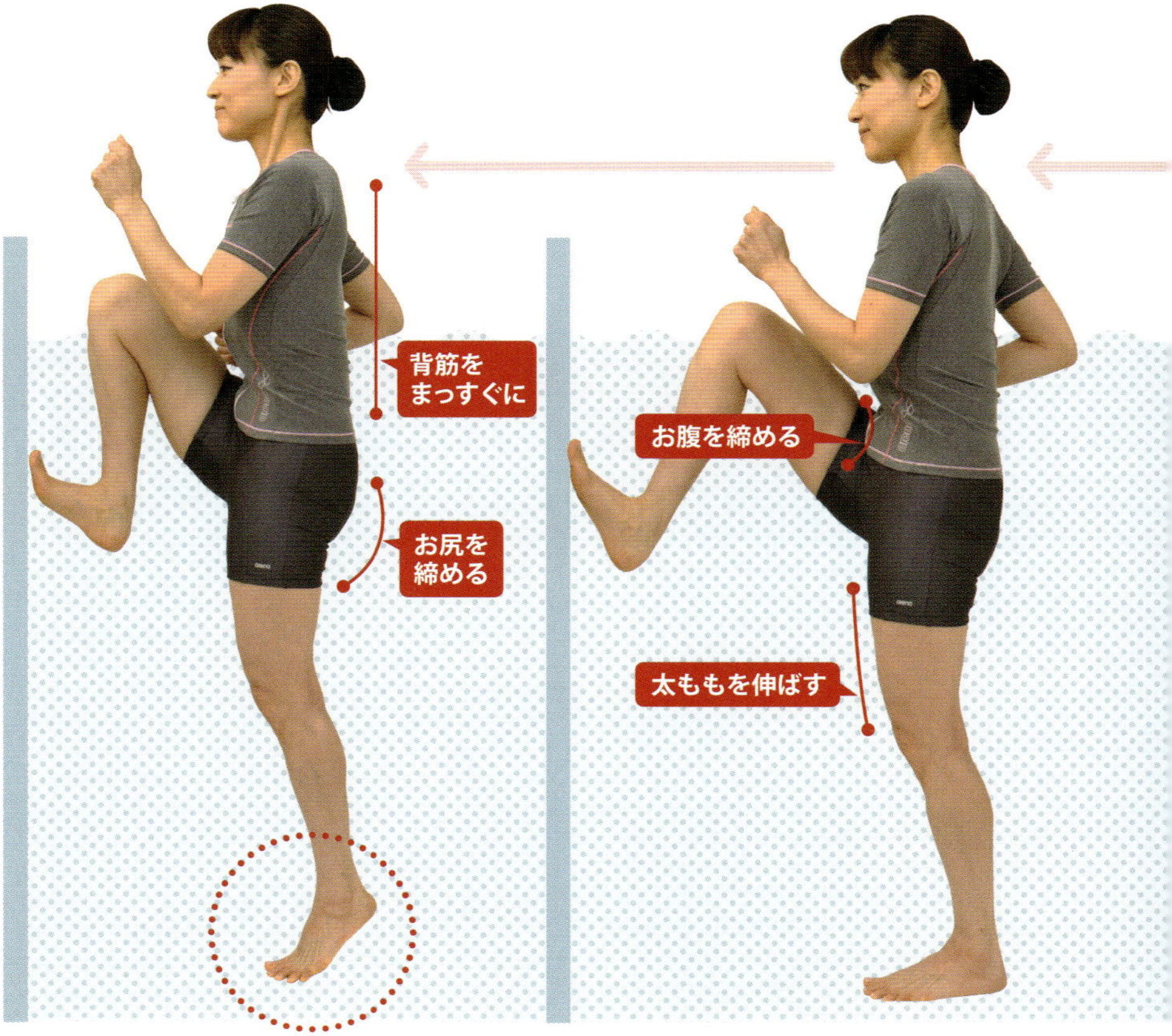


2. 片方の足をプールの壁につけて身体を支える。**もう一方の足（軸足）はまっすぐに伸ばし**、プールの底を踏みしめる。

3. 2. のポーズをキープしながら、軸足のかかとをあげ下げします。**下ろすときに足が曲がりやすいので注意してください**。

近ごろ何だか足もとがフラつく

# スタスタ歩くポイントは「地面をつかむ」こと！

## 足指グーパー体操

水中運動

水に入る前に、まずはプールサイドに腰かけて行う準備運動を兼ねたエクササイズです。足首から指先までが柔軟に動いて、しっかりとプールの底をキャッチできないと、水の抵抗や水圧に負けてしまい、とても運動になりません。水中で歩行や運動を始める前に、ぜひ「足指グーパー体操」をウォームアップとして習慣づけましょう。

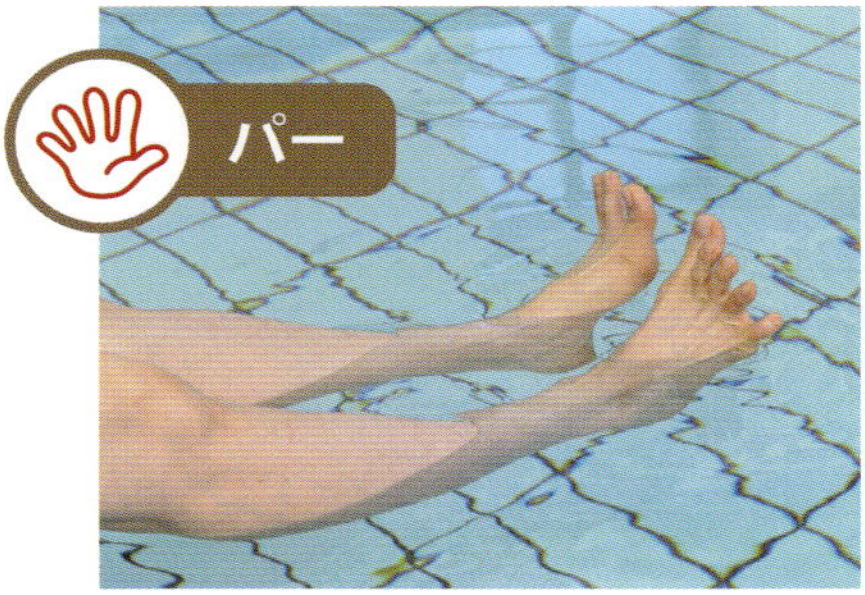


足首を曲げて、
指を約２秒間開く＝【パー！】

運動目安
10回〜20回

足首を曲げたまま、
指を約２秒間閉じます＝【グー！】

## ～応用編～
# 足指＋足首グーパー体操

水中 運動

足指グーパー体操を何回か繰り返した後に続けて行います。指の動き、足首の動きに加えて左右交互…といった具合いに複合的に重なり合って、頭（＝反射神経）も使いますが、〝柔らか足首〟を目標に、がんばってみてください。

**運動目安**
**5回～10回**

1. 足首を曲げたまま**指を開いてパーにします。**

2. 足首を曲げたまま、**指をグーにします。**

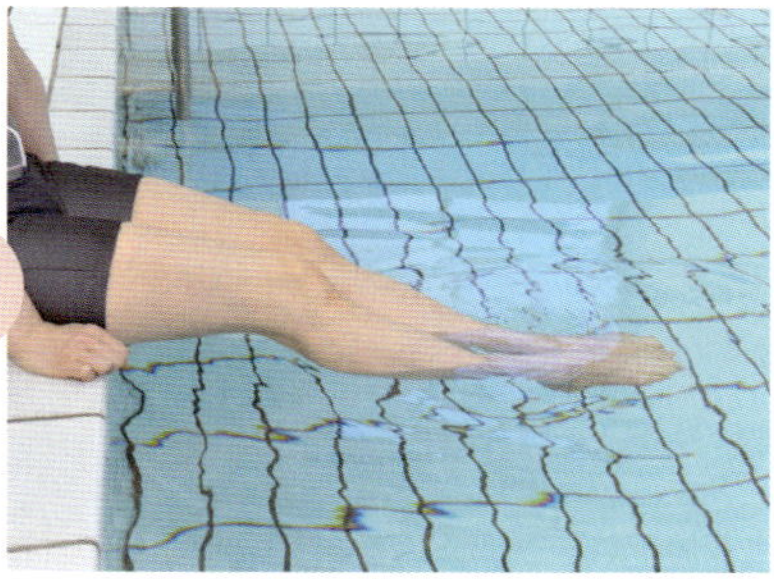

3. **指をグーにした状態**で足首を伸ばします。

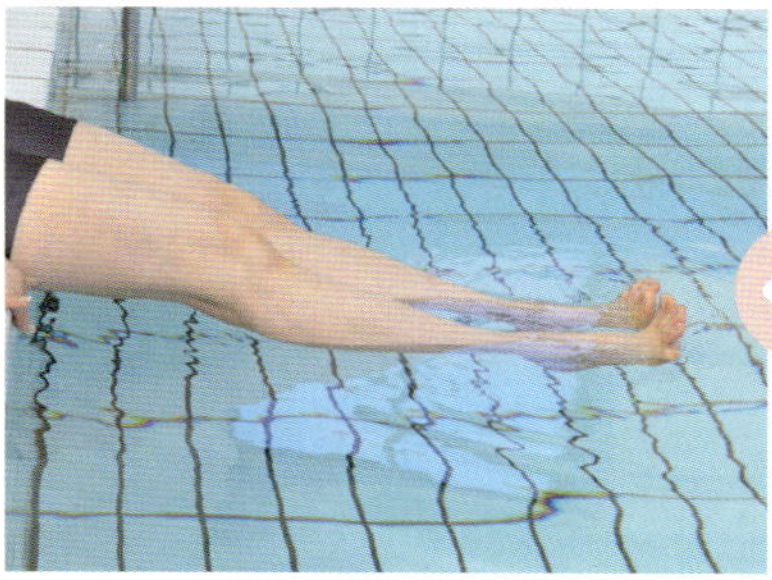

4. 足首は伸ばしたまま**指を上にあげてパーにします。**
**※ 1. に戻り繰り返します。**

応用として **1. ～ 4. を片足ずつ交互に行うことも歩行の練習につながるので大切です。**

# 外出がおっくう。年とともにすっかり出不精になった…

# 適度な運動こそ若返りの特効薬

ロールウォーキングは、水中ウォーキングの基本となる歩き方です。背筋をピンと伸ばし、アゴを引き気味にして頭の位置を変えない（＝上下動しない）意識で歩くことが大切です。初めのうちは水の抵抗に負けて身体がフラつくかもしれませんが、歩幅を短めに、ゆっくり歩くようにして、まずは正しい歩き方をマスターするように心がけましょう。

## ロールウォーキング

水中運動

**1.** 背筋を伸ばし、目線は前方に。踏み出した足のひざは曲げないように、しっかりと伸ばします。指先をあげて、**必ずかかとから着地。**

### 正しい体重移動＝足裏の使い方

美しく歩くためには、足の裏の重心移動が重要になってきます。

**①必ずかかとから着地。**
**②重心を足の裏の全体から外側→指先方向へ移動。**
**③指先全体でプールの底をつかむイメージで蹴りあげるように推進力を発生させ、前に踏み出す。**

**運動目安**
**25mプール 2往復×2**

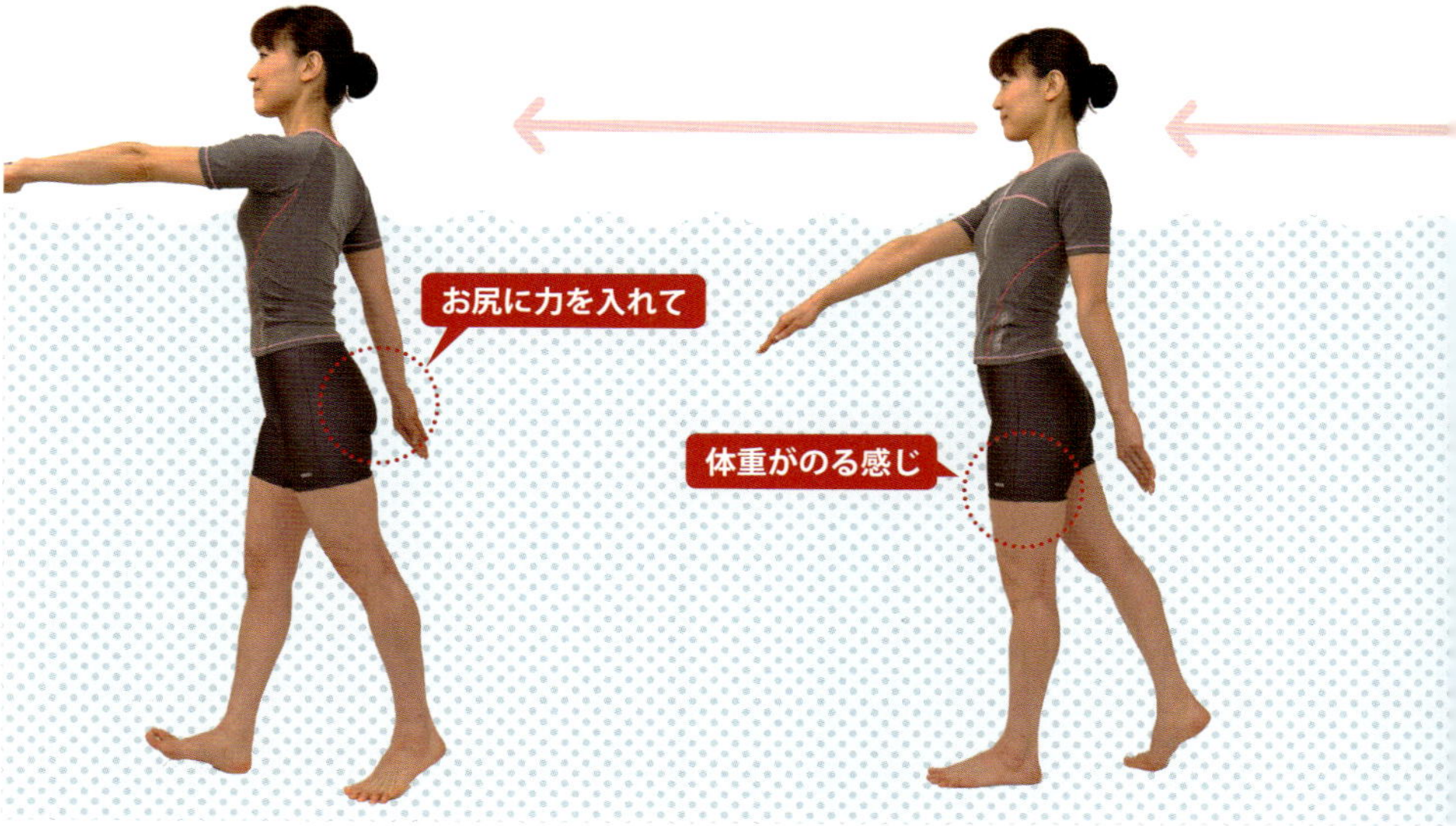


**2.** 着地した足は、**足の裏全体に体重をかける。**

**3.** かかとをあげて**母趾球（親指の下のふくらんだ部分）に体重をのせながら、**もう一方の足を踏み出します。

**これはNG!**

歩いているうちに目線が落ち、前かがみになってしまう悪い歩き方です。アゴが前に出てしまった典型的な〝お年寄り歩き〟は見た目の問題だけでなく、正しい歩き方をしないと、腰を痛めたりするので注意が必要です。

*attention*

# 水中ウォーキングを行ううえでの注意点

水中ウォーキングは、ただ、やみくもに歩けばいいというものではありません。正しい姿勢で歩かないと、腰や背筋、首・肩まわりを痛めるなど、かえって体調を崩すことにもなりかねません。また思うような成果も得られず、最悪の場合「ちっとも効果が出ない！（怒）」と飽きてしまい、プール通いを止めてしまうことも少なくありません。そうならないためにも、また〝**時間と体力のムダ使い**〟**とならないため**にも、まず、次のポイントをしっかりと頭に入れてくださいね。

## ✕ 悪い歩き方

背中が曲がり、アゴが前に出た状態の〝猫背歩き〟、前傾が強すぎて水面目線になる〝お辞儀歩き〟は腰から背中に緊張を強いることになり、張りや痛みの原因になりますから避けましょう。

## ○ 良い歩き方

背筋を伸ばし、目線は前方まっすぐ。しっかりと腕を前後に伸ばしながら歩きましょう。最初のうちは難しいかもしれませんが、〝リズミカルに歩く〟ことを意識してください。水中ウォーキングの基本でもあるまっすぐ前に歩く**ロールウォーキング**では**「姿勢とかかと着地」の2点を意識することが大事**です。上下動を少なくし、「抵抗を感じながら、水を切る」ように平行移動する感覚が出てくれば、きれいな水中歩行といえます。

# Lesson Ⅳ

## Conditioning

水の力（パワー）で
体調管理！

## 肩甲骨まわりのほぐし方①

# 慢性的な肩こりとサヨナラしたい！

腰痛、眼精疲労と並び、今や〝三大現代病〟ともいえる肩こり。首・肩まわりに違和感をお持ちの方も多いのではないでしょうか？

同じ姿勢を取り続ける長時間のデスクワーク、目の酷使、ストレスなど原因はさまざまです。肩甲骨まわりをほぐし、柔軟性を高めることで肩こりをはじめ、四十肩や五十肩の予防・改善につながります。

漫才の横にいる**相方にツッコミを入れる動きをイメージ**してください。肩こり緩和のほかに、美しい背中とすっきりとした鎖骨のラインもあわせて手に入れられる優れた運動です。

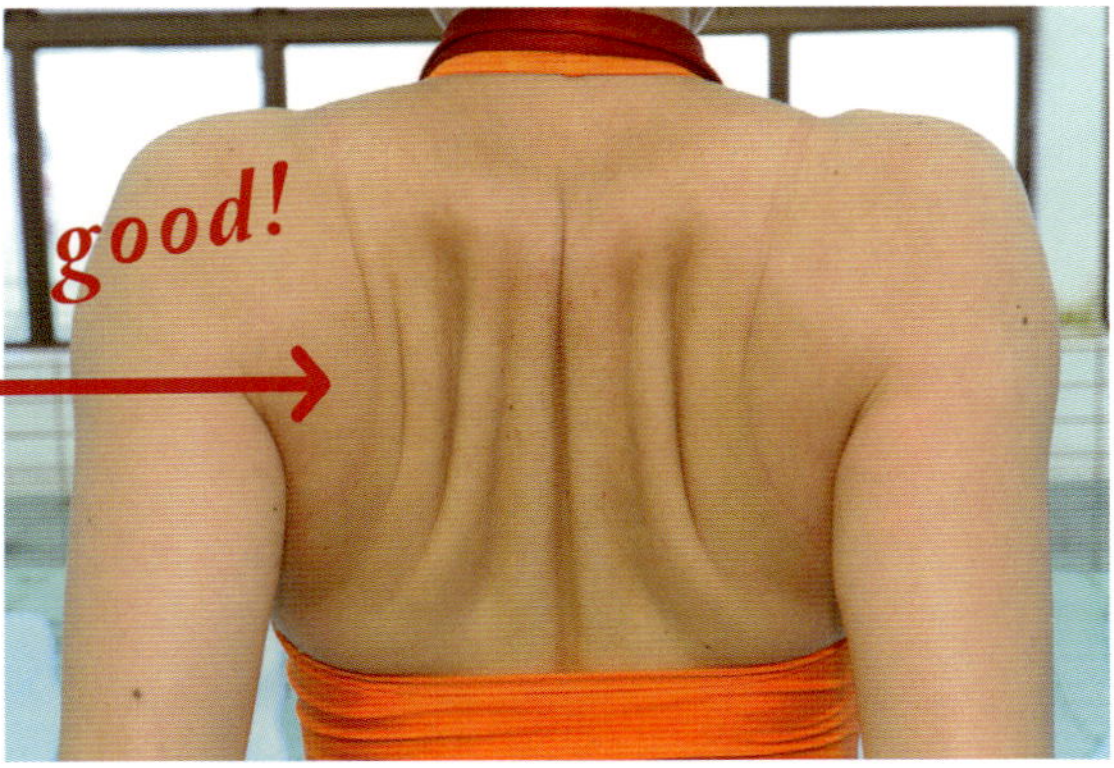

# なんでやねん体操

水中
運動

運動目安
10回〜20回

1. ひじを直角に曲げて、小さく**「前へならえ」**。その際、肩甲骨は背骨中央に寄せておきます。

2. その状態からひじを支点に、**水平に視界から外れるまで**外側へ腕を振ります。

ここがPOINT

**肩甲骨の間に5本の縦ジワが入ればGOOD！**

チャレンジ

**P.83の「ポーズダウン体操」**も「肩こり」に効果的です！
ぜひ挑戦してみましょう！

## 肩甲骨まわりのほぐし方②

# バリバリに張った背中のコリを取り除きたい！

パソコンや携帯電話の普及にともない眼精疲労や肩こり、腰痛、足のむくみを訴える人が急増しています。

長時間モニターをのぞき込むことで悪い姿勢を取り続け、肩甲骨まわりや背中がこり固まってしまうのです。姿勢をよくするこの運動で、肩や背中のこりを解消しましょう。

### 理想的な腕の動き

スムーズな**腕の動きのツボは「肩甲骨」**です。肩甲骨の柔軟性が悪くなると、腕があがりにくくなります。肩甲骨と肩関節や上腕骨のリズムは**1対2**。

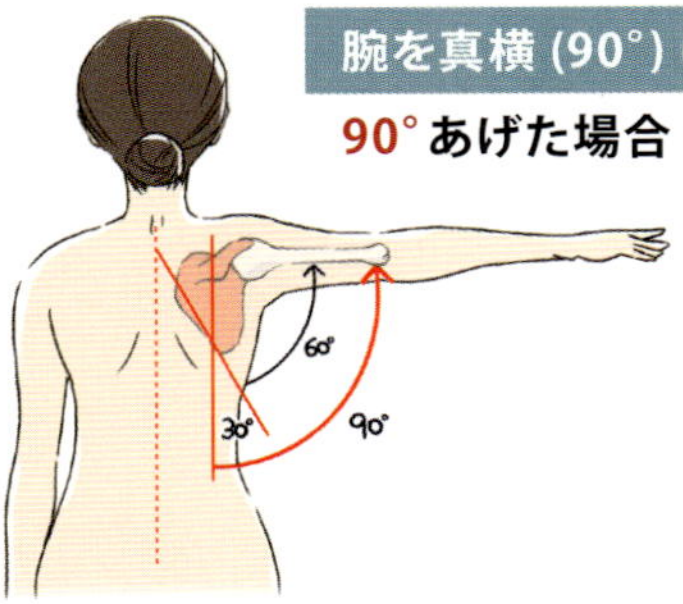


**腕を真横（90°）にあげた場合**

**90°あげた場合 = 30° + 60°**
（肩甲骨）（肩関節）
**1 : 2**

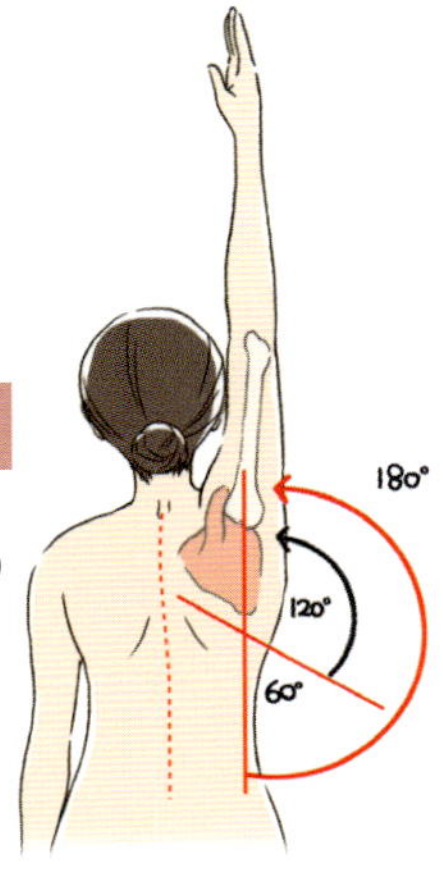


**腕を真上（180°）にあげた場合**

**180°あげた場合 = 60° + 120°**
（肩甲骨）（上腕骨）
**1 : 2**

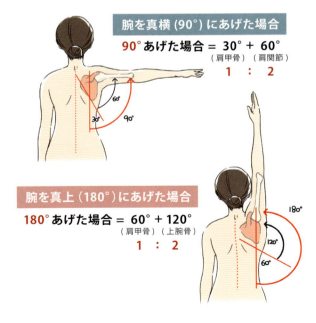

# ロールアップ体操

**運動目安**
1セット **10** 回 × **2** セット

水中運動

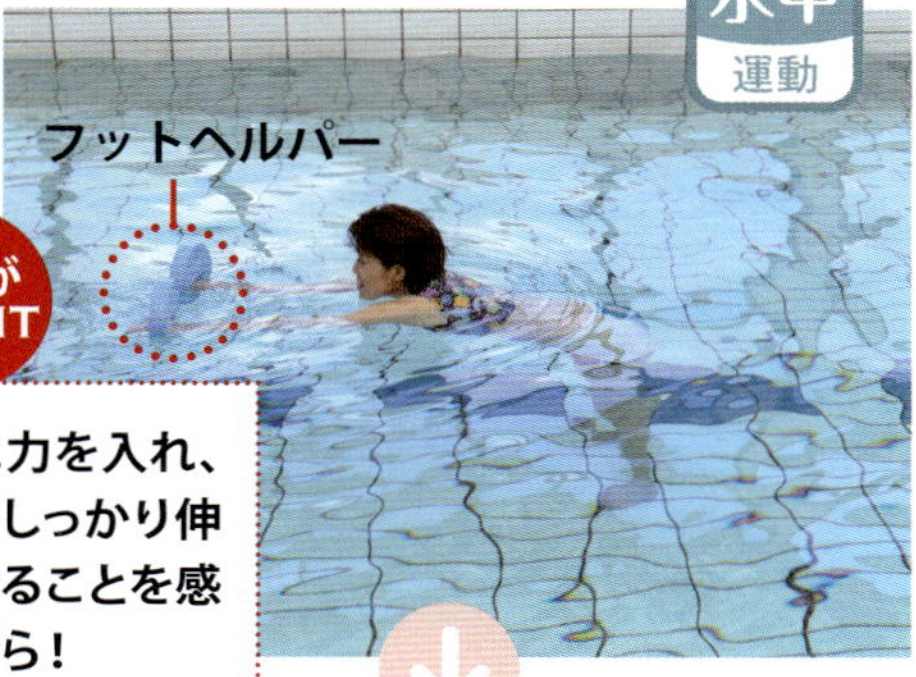


**ここがPOINT**

**腹筋に力を入れ、脇下がしっかり伸びていることを感じながら！**

## 1.

フットヘルパーに両手を伸ばしてのせ、足裏全体をプールの底につけて中腰の姿勢をとります。**つま先がプールの底から離れないように、**腕をゆっくり前方に伸ばします。

## 2.

いっぱいまで伸ばした状態から、背中を丸めながら元の位置にゆっくりと戻します。**背中の骨をひとつずつ伸ばすように意識**してください。

## 3.

元の位置に戻ったら、最後に顔をゆっくりとあげます。写真ではフットヘルパーを用いていますが、**ビート板のような大きなものでもＯＫ**です。

## 肩甲骨まわりのほぐし方③

# つらい四十肩・五十肩を撃退する！

ある日突然猛烈な痛みをともない、腕があがらなくなる四十肩・五十肩に悩まされた方も少なくないのでは？

肩甲骨の可動域が極端に狭められることで腕がまっすぐ上にあがらなくなる状態をいいます。日常生活で不便さを感じるだけでなく、猛烈な痛みをともなうだけにやっかいです。痛みの軽減と可動域アップをめざして、この運動に取り組んでみてください。

**肩があがらない人でも、浮力で肩があがる。**

### アイロン体操

陸上 運動

**運動目安**
1日**1**セット

1.

ひざより少し高いテーブル等に、肩の痛みのないほうの手をついて、前かがみになります。
**痛むほうの手にアイロン（もしくは1kg前後の重さの物）を持ち**、肩の力を抜いてダラリと垂らします。

2.

**「前後」「左右」「円を描く」**動きを、それぞれ10往復1セットとして、最初は無理をせず1日1セット。

# 水面ワックスがけ運動

**運動目安**
1セット **10** 回 × **2** セット

水中 運動

1.

腕を伸ばし、フットヘルパーもしくはビート板に手をのせます。**足裏はしっかりとプールの底を踏み、中腰に。身体はまっすぐ正面を向き、上体はまっすぐに。**

2.

**水面にワックスがけをするようになめらかに滑らせ、大きな弧を描きます。**スタートポイントは身体のななめ後方でも、真横でも、前方からでも構いません。

3.

初めのうちは 90 度～ 120 度ぐらいまでしか腕がまわらないかもしれませんが、最終的には 180 度～ 240 度ぐらいまで**腕（＝肩）がまわるよう**にがんばってみてください。

ここが POINT

**四十肩・五十肩の人で激しい痛みをともなうときは、肩を決して水面から上に出さないこと。浮力効果で痛みを感じずに可動域を広げるためです。また腕の動きにつられて下半身が同じ方向に流れないように気をつけてください。しっかりと上半身と下半身のねじれを意識すれば、ウエストのシェイプアップにもつながります。**

## 腰痛緩和エクササイズ①

# これは簡単！いつでもどこでも腰痛緩和体操

「今日はプールがお休みだから」「明日は用事があってジムに行けないわ」。そんなとき、自宅やオフィスで、お手軽・お気軽にできる腰痛緩和の運動をご紹介します。ちょっとしたスペースとイスがあれば、場所も時間も選ばないスグレ・エクササイズです。腰痛に悩まされている方は、ぜひ試してください。

### 骨盤体操・家バージョン①
### ヒップリフトアップ

陸上
運動

1.

お尻の下にボールをおきます。クッションや座布団を二つ折りにして敷いてもOK。

2.

**運動目安**
1セット
**10回×3セット**

**肩と背中が床から離れないように注意しながら、骨盤と床の隙間がなくなるようにボールをつぶします。**
この動きを数回繰り返します。初めは5回1セットぐらいからスタートして、慣れてきたら、10回1セット×3セットといった具合に回数を増やしていきましょう。

**ここがPOINT**

**肩を支点にお腹を持ち上げて「ブリッジ」するのではなく、あくまでも骨盤だけをあげるイメージです。恥骨をあげる意識で！**

## 骨盤体操・家バージョン②
# イスしゃくとり～

陸上 運動

骨盤の動きを出すトレーニングです。固まった骨盤まわりをほぐします。ウォーキングがスムーズに行えるようになる効果も期待できます。

**1.** イスに座って、前に歩いていく要領で片足を前に出します。

**運動目安**
**5回 往復**

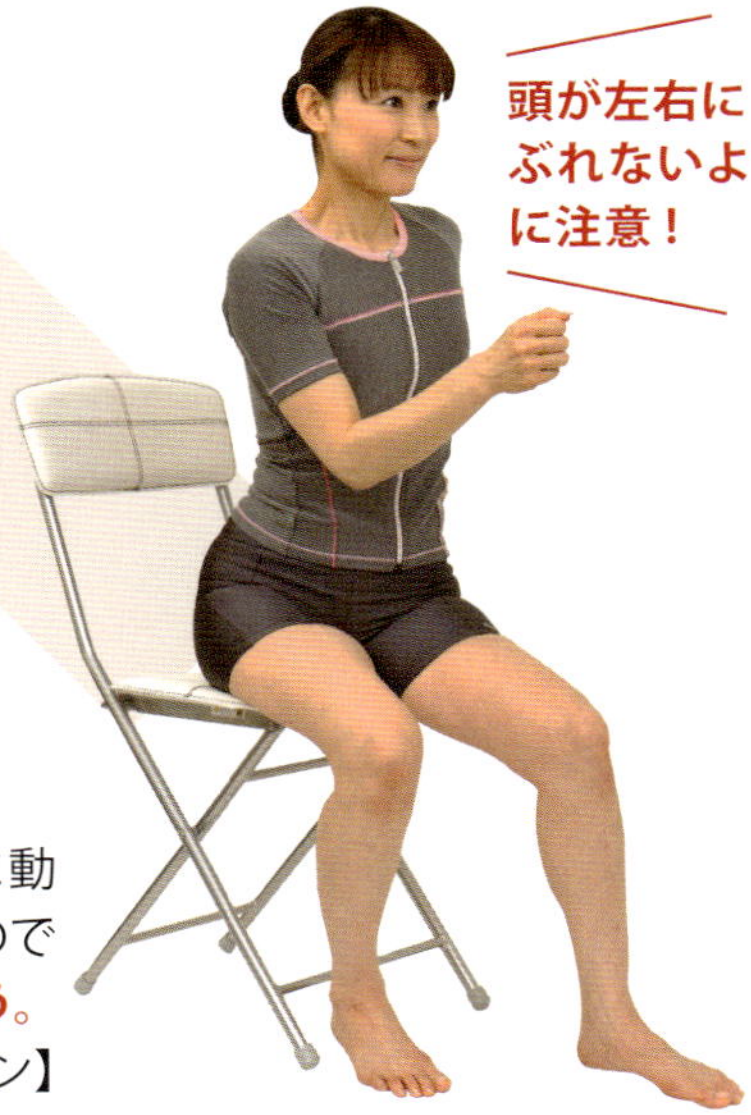

**頭が左右にぶれないように注意！**

**2.** 次に左側の足を右ひざよりも前に動かします。こうして、お尻で歩くのです。**4歩を目標にがんばりましょう。** また、次のような【地面バージョン】もあります。

**運動目安**
**5回 往復**

## 地面バージョン

陸上 運動

①両足を伸ばして床に座り、お腹に力を入れて、上半身がまっすぐになるようにします。
②左右のかかとを交互に押し出し、お尻歩行で前に進みます。慣れてきたら、後ろに進むように足を動かしてみましょう。

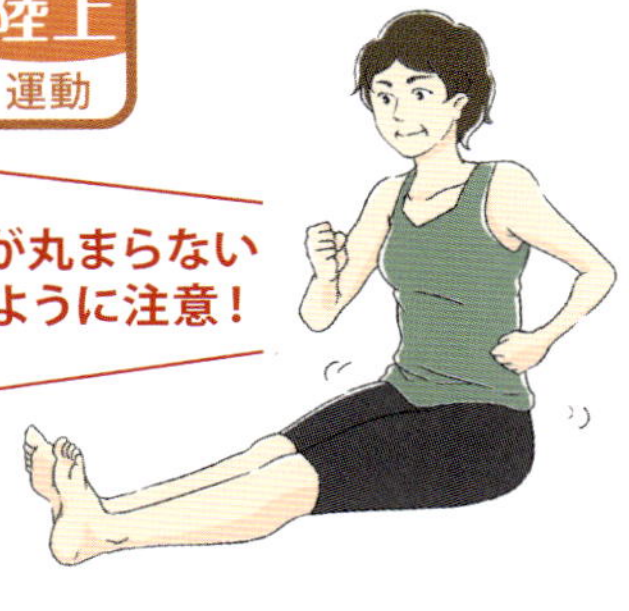

**腰が丸まらないように注意！**

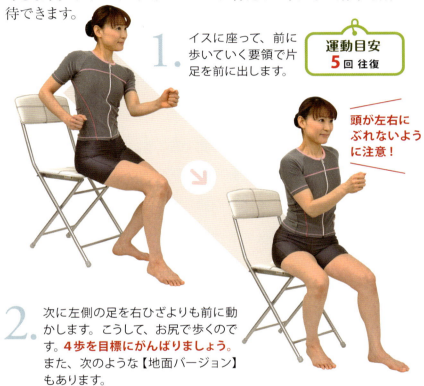

## 腰痛緩和エクササイズ②

# 腰痛は腰のタイプによって対応運動も違います

腰痛は、老若男女問わず悩まされている〝現代病〟といえます。腰痛人口は今や2800万人ともいわれており、国民の約3割が腰痛持ちという調査結果もあるぐらいです。

腰のタイプは大別して反り腰と丸腰の2つに分かれます。まずは自分の腰がどちらのタイプになるのか把握して、運動に取り組んでください。

### 反り腰、丸腰、アナタはどっち？ タイプによって痛みや対応が違う

**反り腰**

・腰が硬く、反り返っている
・お尻が突き出ている

**丸腰**

・背中が丸まっている
・お尻と太ももの後ろが硬く張っている

### 反り腰？丸腰？判別法

肩までプールに入りひざを曲げ、背中を壁につけてみましょう。

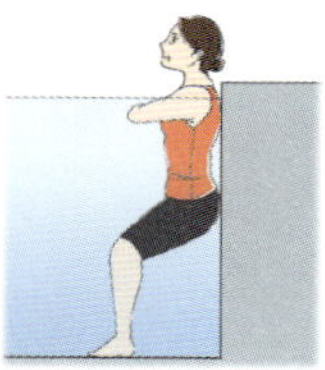

ウエストが壁から離れると…
**反り腰タイプ**

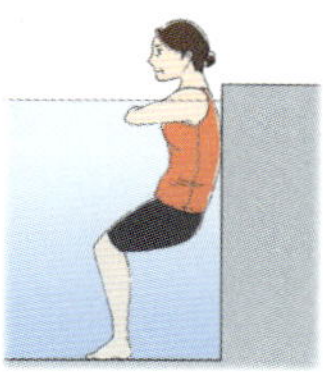

肩とお尻が壁から離れると…
**丸腰タイプ**

丸腰さん向け

# ヘルニア緩和ストレッチ

水中 運動

## お尻の裏側の筋肉伸ばし

**運動目安**
**左右各10秒ずつ**

一方の足のひざを曲げて反対側の太ももにのせ、足首(またはつま先)とひざを手で持ち**お尻の裏側の筋肉を伸ばします**。水中で浮力を利用して行ってくださいね。

## 太ももとふくらはぎ伸ばし

片足を伸ばして足の裏をプールの壁につけ、足首を外側と内側にまわして、**太ももの裏(ハムストリングス)とふくらはぎをしっかりと伸ばし**ます。

**運動目安**
**左右各10秒ずつ**

## 太もも裏と腰全体伸ばし

**運動目安**
**10回〜20回**

プールサイドを両手でつかみ、足を伸ばして壁につけます。お尻を左右に振り、**太ももの裏と腰全体を伸ばします**。

反り腰さん向け

# 坐骨神経痛緩和ストレッチ

水中
運動

## お腹とお尻をしっかりと締める

1. 片足をプールの壁にかけます。壁との距離は、**「小さく前へならえ」程度がいい**でしょう。

2. 次に、立っている軸足の太ももの前をしっかりと伸ばします。この運動をする際のポイントは、**お腹とお尻をしっかりと締めること**です。

## 太ももの前側をしっかり伸ばす

1. まず**「前へならえ」**で手を伸ばし、指先がプールの壁につくぐらいの位置に立ちます。

2. 次に、**お腹とお尻を締めて、片足で立ち**ます。

3. もう一方の足の甲または足首を持ち、ひざを後ろにゆっくりと曲げます。このとき、**太ももの前側がしっかりと伸びていることを意識**しましょう。

## 股関節まわりのストレッチ①

# 血流がよくなり、下半身が軽やかに！

股関節が硬いと、様々な弊害が生じます。代表的なものでは血流が悪くなり、足のむくみや冷えを引き起こします。また、疲れやすくなったり、スムーズな動きが取れないため転倒しやすい（→ケガをしやすい）と、悪いことばかりです。そこで、いつまでも若々しく活動するために必要な、柔軟な股関節を作るストレッチを紹介します。

水中
運動

**運動目安**
1セット
**5回×2セット**

プールサイドに腰をかけて行います。股関節の動きがスムーズになるだけでなく、血行もよくなります。えくぼができる引き締まったお尻を作る効果もあります。

## 股関節柔軟運動

**左右の足を交互に動かしながら行います。**あげた脚は水面からは完全には出ないようにします。

下げた脚の**ふくらはぎがプールの壁につくくらい**に思いきって行います。

## 股関節まわりのストレッチ②

# 足のむくみとダルさを解消する

### 大股ウォーキング

水中運動

運動目安
25m プール
2往復×2

下半身がむくむ原因は、骨盤周辺の硬さにも原因があります。前進歩き（＝ロールウォーキングP48～49）よりもさらに歩幅を広くすることで股関節の動きはよりスムーズになります。

これにより、血流がよくなり、むくみが解消されるだけでなく、冷え症の改善や美脚効果も期待できます。水の浮力を十分に利用するこのトレーニングで、すっきり下半身をめざしましょう。

両腕は前後に大きく伸びた状態でバランスを取り、ゆっくりとダイナミックに振ります。**後ろの足のひざや股関節がよく伸びる**よう体勢をとります。**目線は必ず正面に据えておく**のがコツです。

**ここが POINT**

**ひざと足首（つま先）は自分のヒップラインより外側にくることが大切です。**

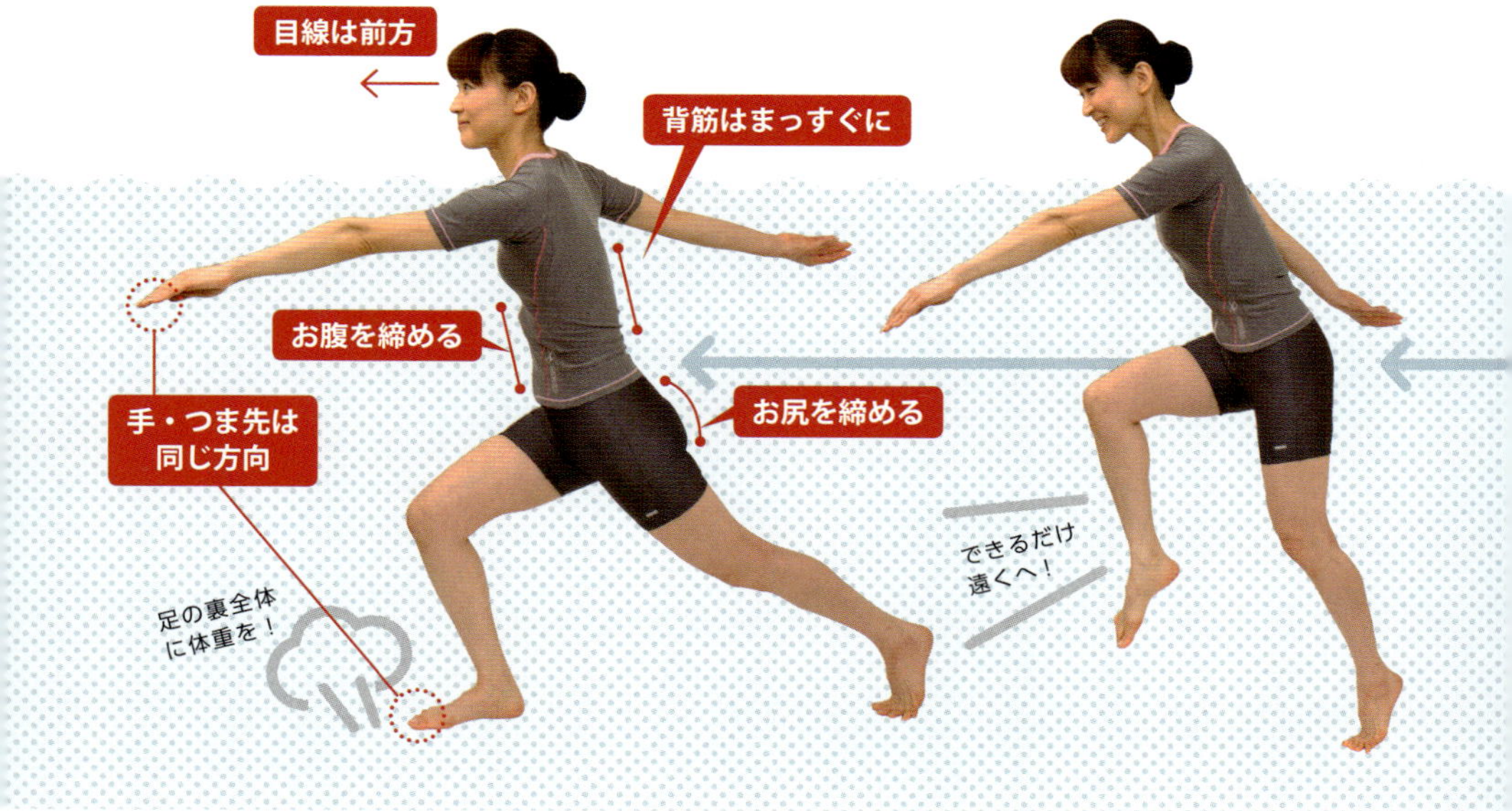


　前の足の着地はかかとから。着地したら、**足の裏全体に体重をかけて**いきます。後ろの足は母趾球（＝親指の下のふくらんだ部分）で支えます。あとは最初に戻り、この動作を繰り返します。

　できるだけ遠くへ踏み出します。浮力を最大限に利用して、ポーンと大きく飛び出しましょう！　**上半身の軸はブレないように。**

ひざ痛緩和エクササイズ

# 四六時中つきまとう、やっかいなひざ痛を改善したい

加齢とともにひざに痛みを抱える人は急増します。一口に「ひざ痛」といっても、その原因や種類はさまざまです。リウマチなどの疾患や、加齢による軟骨の摩耗・減退、長年の生活環境からくる変形、また運動障害などによる炎症などです。ここではひざまわりの緊張感やこわばりを取り除き、固まった状態のひざをほぐす効果のある運動を2つご紹介します。

## テニスボールクラッシュ

陸上
運動

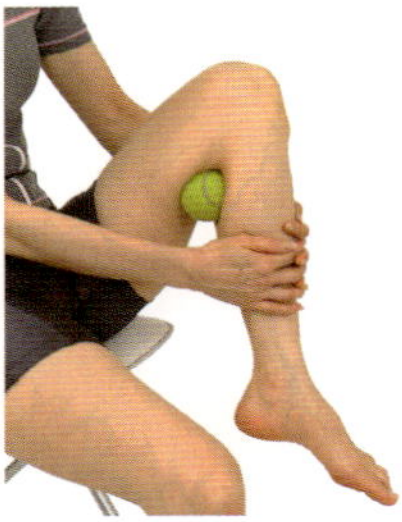

ボールを1つ用意します。ひざを立てた状態でひざ裏のくぼみにボールをはさみ、両手で足を引っ張り、かかえこむように圧をかけます。その際、**決して反動をつけたり、急激に力をくわえないこと。**あくまでも、**ジワジワが大事です。**

## ひざ上筋肉のマッサージ

陸上
運動

1.

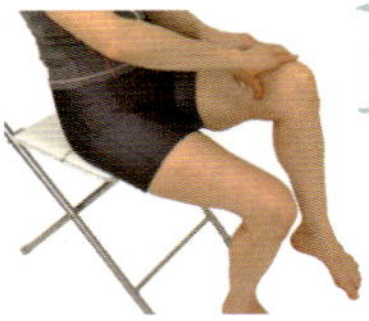

イスに座った状態で**ひざを軽く曲げ、ひざ上部の筋肉をつかむようにもみほぐします。**

2.

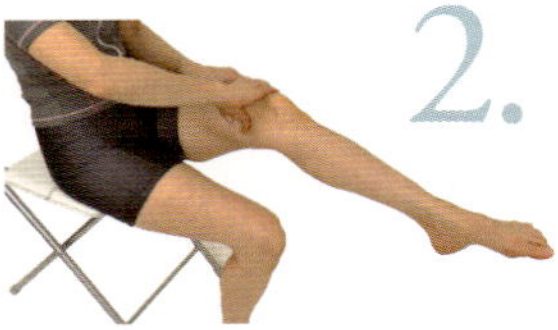

軽くひざを伸ばし、屈伸した動きを加えます。

**注意！ひざに痛みや違和感を感じたらやめましょう**

## 復習 足指グーパー体操

水中 運動

運動目安 10〜20回

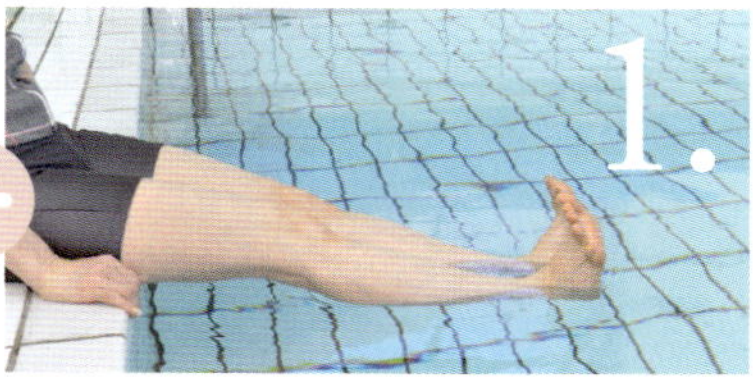


**足首を曲げて指を約 2 秒間開く＝「パー！」**

**足首を曲げたまま、指を約 2 秒間閉じます＝「グー！」**
この 1. と 2. の動きを繰り返します。

## 足の筋肉やわらか体操

水中 運動

運動目安 5 〜 10回

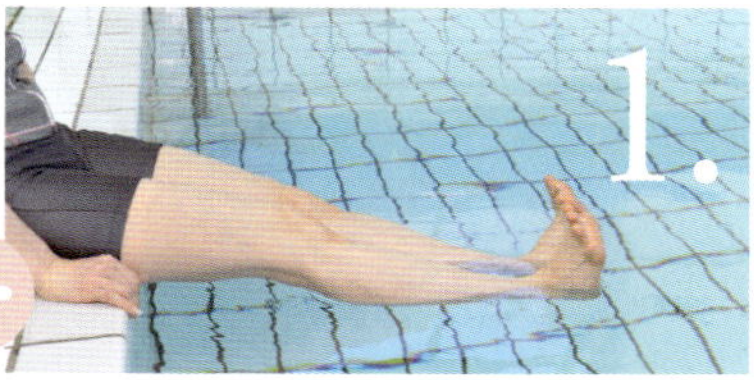


足指＋足首グーパー体操(P.47)に、ひざの曲げ伸ばしを加えたバージョンです。**ひざを伸ばした状態で、足首を曲げ、足指は全開で「パー」！**

**足指を「グー」**にしたら、足の裏とふくらはぎを意識しながら足首を伸ばします。

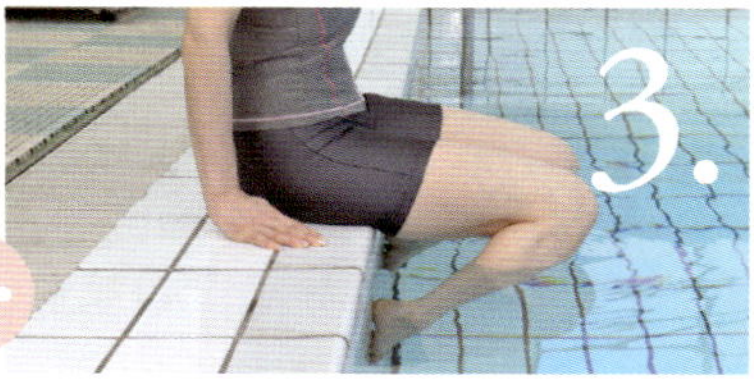


**足指は「グー」の状態**で、ひざを曲げて、足の裏を壁にぴったりとつけます。

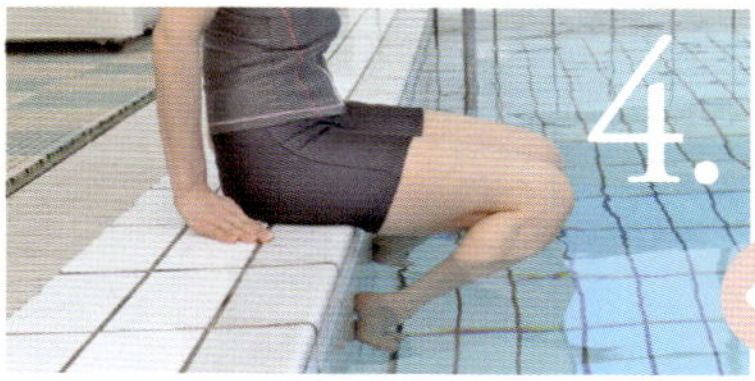


**「パー」に開いたら、足首を(上方に)曲げます。**次にかかとに意識を集中しながらひざを伸ばして 1. の体勢に戻ります。

## 血液の流れが決め手

# うっとうしい片頭痛をなんとかしたい

シクシク、チクチクと刺すような痛みからドヨーンとした重苦しい痛みまで、片頭痛はうっとうしいものです。その原因はストレス、アレルギー、ホルモンバランスの崩れなどさまざまです。また、血流量の増加が原因という説もあります。少しでも痛みを軽減するには首肩まわりのこりを取り除いてあげるのが有効です。首まわりのストレッチは、そのものズバリで首・肩・上腕のほぐしやこりを取り除く効果のほかに、小顔効果もあります。

**手のひらの向きや手首を外側に回転させ、首・肩まわりのこりを除去。片頭痛を改善！**

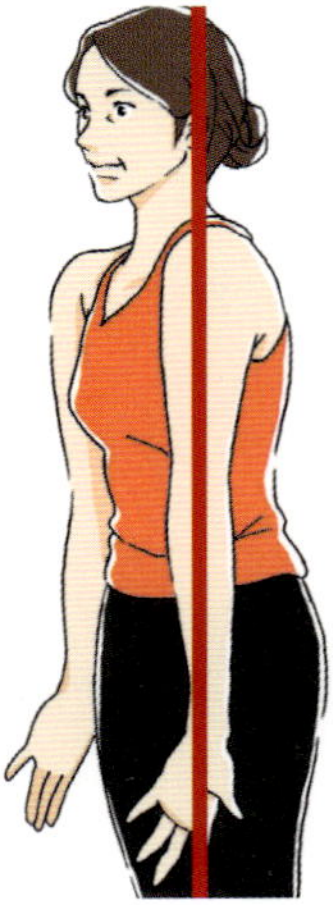

✕ **肩が前に出てしまっている姿勢**

日ごろ、手や腕に力を入れている仕事をしている方に多い姿勢です。この姿勢をくり返していると**猫背になり、より凝り固まっていきます。**

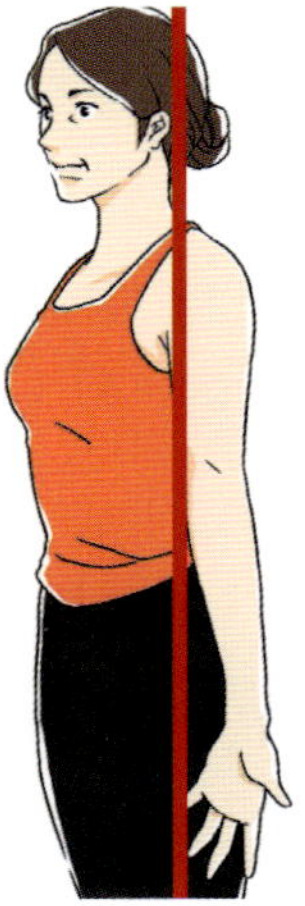

○ **手のひらを外側にまわす**

首や背中が張っているときは、手・ひじ・二の腕を外にまわしてみましょう。胸まわりもすっきりして、肩甲骨もよせられるようになります。**姿勢もよくなり、血流も改善**します。

# 腕・肩まわりストレッチ

陸上 運動

## 脇をモミモミ

腕の使いすぎで上腕部が硬くなり、あがらない状態のときは、**脇の近くを絞るようにほぐしましょう。**

## リンパ節を刺激

腕の内側、特に脇の部分には、リンパ節があるので、この部分をほぐします。**ほぐすことで血流が改善され肩痛が緩和されます。**イスの背もたれに脇を当ててもよいでしょう。

## 鳩のポーズ

アゴ先に見えない糸がついていて、引っ張られているように頭全体を前方に突き出します。両肩は背骨に寄せるカンジで、**首の筋がピンと伸びていることを強く意識して**ください。

## 今や腰痛、肩こりと並ぶ〝三大国民病〟

# 眼精疲労を軽減したい！

水中運動

陸上運動

現代では、パソコンや携帯、タブレットの普及もあり、老若男女問わず目の疲れを感じている人は日々急増しています。長時間、ジッと画面を凝視することで目の裏の調整機能をつかさどる眼筋が固まってしまうことが最大の原因とされています。当然血流も悪くなります。

表情筋を動かすことで、顔全体の筋肉を柔らかくし、血流を良くして目の疲れを軽くしましょう。

## 表情筋ストレッチ

口を目いっぱいとがらせて「ウ～！」目もパッチリ見開いて、真ん丸に！　筋肉の大きな動きを意識してください。

首筋が浮き出るぐらい口角を引きつけて「イ～！」「イ～！」「ウ～！」を繰り返します。**10回1セット**で、1日3セットを目安に。

**運動目安**
1セット
**10**回×**3**セット

頭部の血液とリンパの流れを良くするために、直接頭皮のマッサージをするのも効果◎。

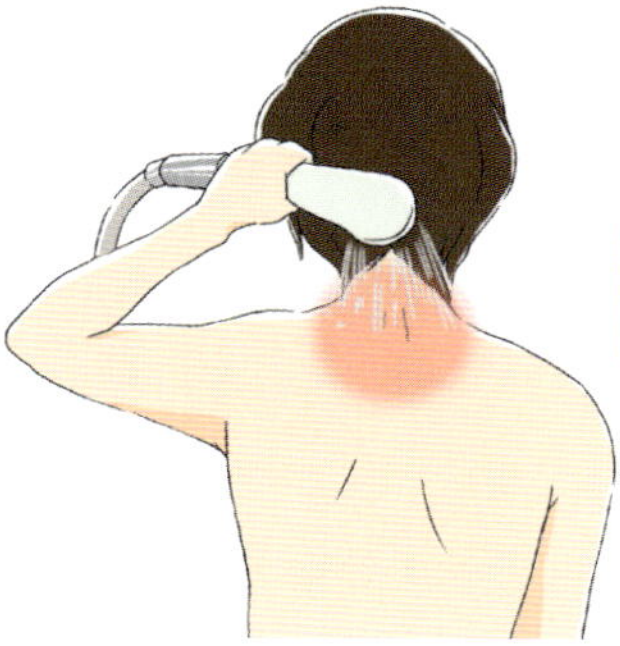

陸上運動

水中運動

陸上運動

## 熱湯シャワー

後頭部から頸椎《けいつい》の上部（＝うなじあたり）に熱いシャワーをかけるのも、**痛みの軽減とともに頸部の血行が良くなり、疲れも取れ、リラックス効果**にもつながるのでおススメです。

## こめかみぐりぐり

**げんこつでこめかみをグリグリ刺激します。**古典的な方法ですが、これがけっこう気持ちいいんですよね。“痛気持ちいい”のですが、あなどれません。

チャレンジ

眼精疲労と片頭痛（P.68 ～ 69）の軽減運動は共通項が多いので、両方試してみるのもいいですね。

## めざせ快腸で快調ライフ！

# ガンコな便秘とサヨナラ

3～5日は当たり前、中には1週間出ないのも決して珍しくないというのが便秘に悩む人たち。その原因は人によってまちまちです。ただ確実に言えるのが、便を送り出す機能が弱っているということ（＝専門的にいうと〝腸のぜん動運動〟）。そこで、腸に刺激（＝外部からねじり）を与えてあげて、人工的にぜん動運動を起こすのです。習慣づければ、便通は毎日のようにあるはずです。まずは〝便通体質〟への改善を目指しましょう。

### バルーンエクササイズ

**運動目安**
1セット
**5回×3セット**

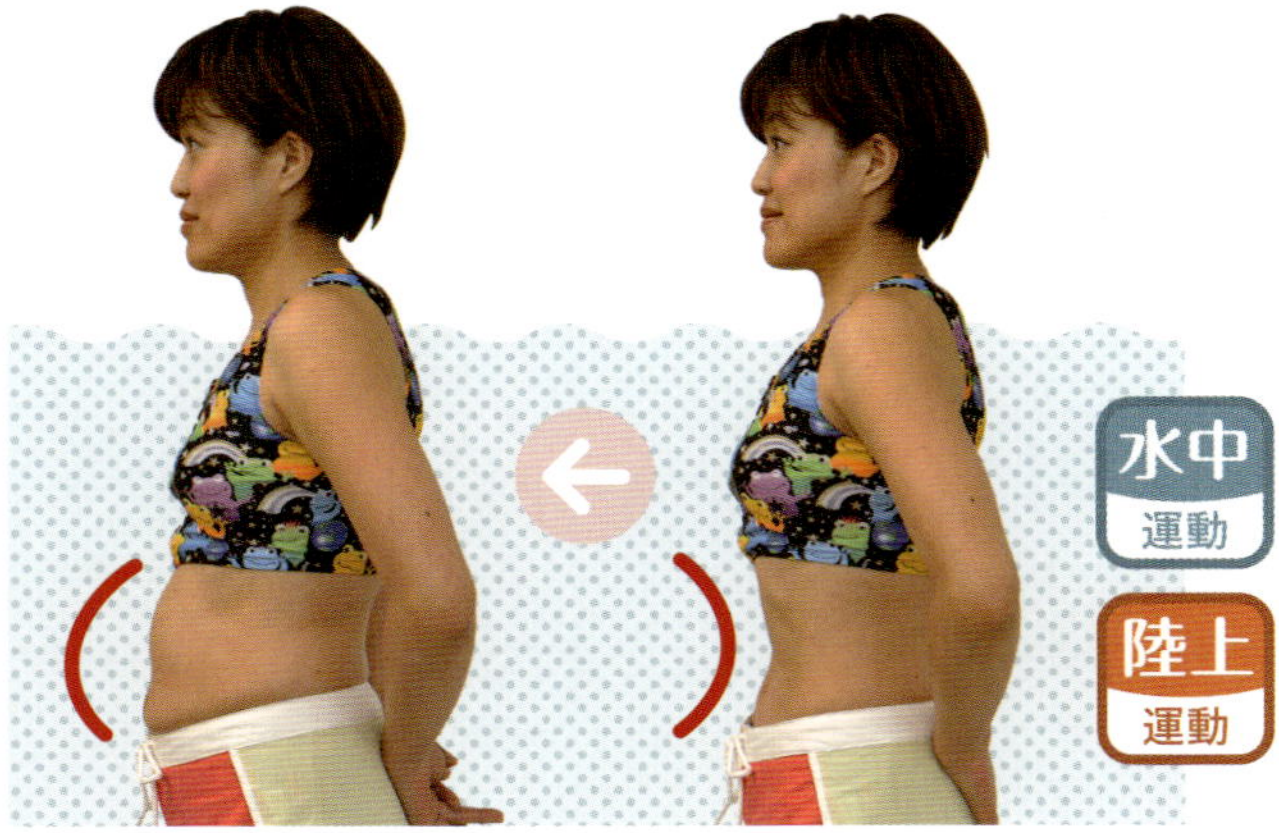


力を抜いたリラックスした状態で、**目いっぱいお腹をへこませます。**腹筋で下腹を押し込むイメージで！　お腹の中の空気は全部吐き出すぐらいの気持ちで。

次に、お腹に空気を入れるようなイメージでできるだけ大きくふくらませる。**ふくらませたときと、引っ込ませたとき、指4本分ほどの差**が出るようにがんばって！

運動目安
1セット
10回×2セット

## どすこいツイスト

水中
運動

歩幅は、肩幅より若干広め。上体はまっすぐのまま、腰を落とします。体の中心軸（＝おへそのライン）はまっすぐキープしたまま、左右の手を対角線に向かって**「どすこい！」のひと声とともに交互にプッシュ！**

**※「どすこいツイスト」は、ウエストまわりの脂肪をとる運動にも向いています。****（P.94～95参照）**

**ここがPOINT**

**プッシュするとき、腰から下（＝下半身）は正対したままで、上体だけねじるように。イメージとしては「お腹の中の腸をねじっている」意識が大切です。**

## 腸を刺激する運動

陸上
運動

腹筋を鍛えることも便秘解消に効果があります。特に、**骨盤の内側に縦についている「腹横筋《ふくおうきん》」は腸に近いこともあり、ここを鍛えると便秘解消につながります。**寝た状態から起きあがる通常の腹筋は、筋力のない方には若干ハードルが高いかもしれません。そこで、上体を起こしたところから徐々に体勢を下げていき、右の写真の位置で止める“逆バージョン腹筋（腹筋ダウン法）”から始めましょう。
※腹筋ダウン法の詳細はP.97を参照。

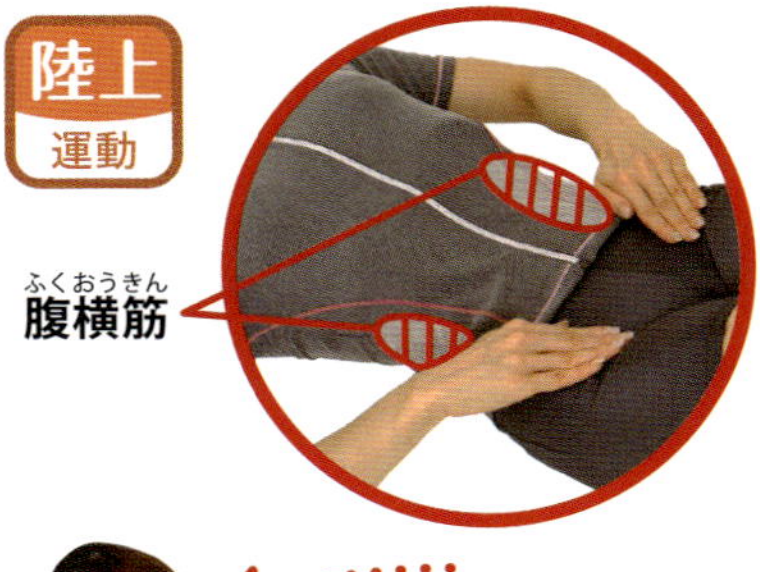

## 家でもオフィスでも対応可能

# ツライ生理痛をなんとかしたい！

生理痛や生理不順に悩まされている女性は多いと思います。代表的な原因として「冷え」と「血行不良」の2つがあげられます。ここでは、婦人病に効くと言われている足ツボのマッサージ（指圧）と血流を良くするための筋肉量アップのためのエクササイズの2つをご紹介します。筋肉は一朝一夕につくものではありませんが、水中ウォーキングや水の抵抗を利用した負荷の少ないストレッチなどを、普段から習慣づけるといいと思います。

### くるぶし上の足つぼマッサージ

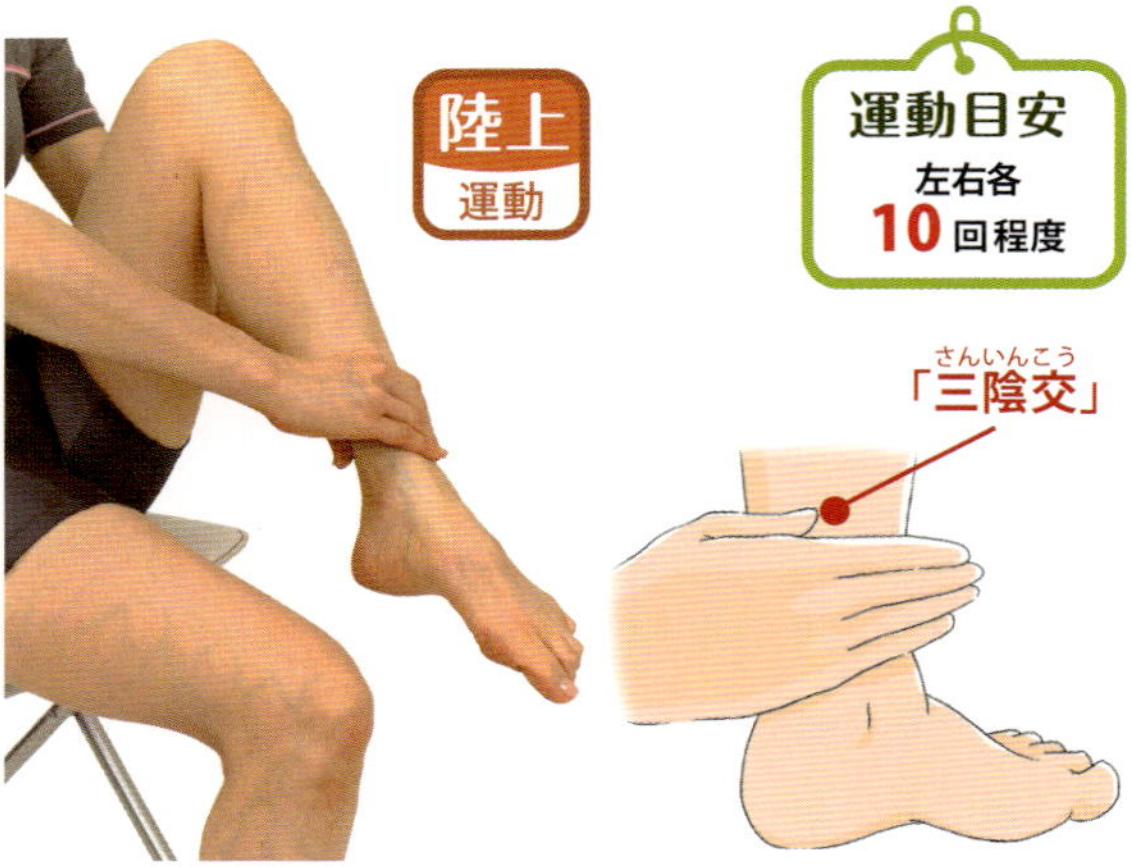


両足の内側、くるぶしの頂点から親指以外の指4本幅分ほど上に「三陰交《さんいんこう》」と呼ばれるツボがあります。このツボは女性ホルモンのバランスを整え、婦人病全般に効くと言われる万能ツボです。骨のキワの裏側を中に押しこむように刺激してみてください。

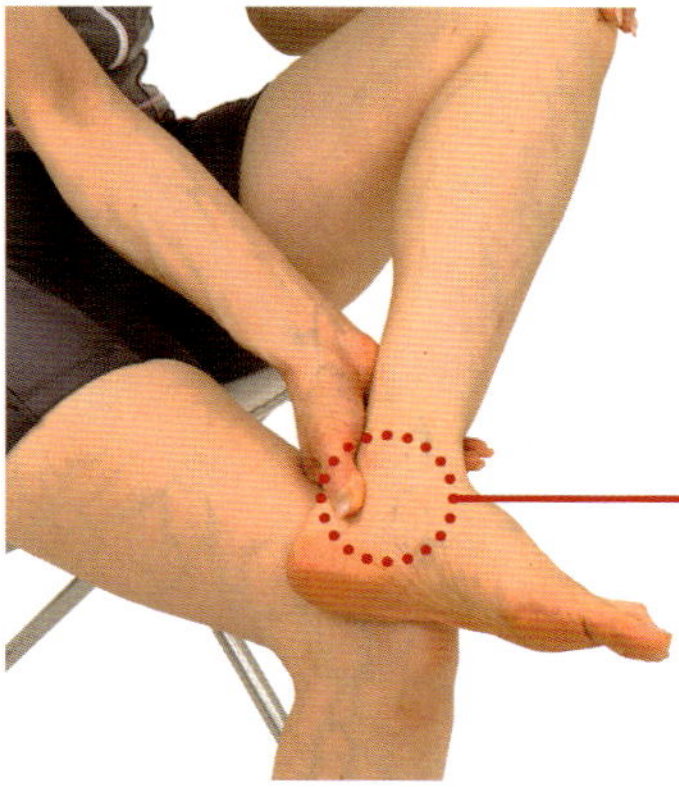

内くるぶしの頂点からアキレス腱の方向にまっすぐ下った先にある大きなくぼみは「太谿《たいけい》」といって、冷えを改善するツボです。アキレス腱をつまむように、刺激を与えてみてください。

「太谿《たいけい》」

**運動目安**
左右各
**10** 回程度

## マサイ・ジャンプ

水中
運動

お腹を締めながら、ひざを伸ばして両足で上にジャンプ。着地はつま先から、かかとへと移動します。筋肉の量が少ないと、熱量を生産することができないので血行も悪くなります。このジャンプは、筋肉量が多くなり、血行を良くします。**引き締まった筋肉質の美しい足を作ると同時に、持久力もつきます。**

**運動目安**
1セット
**12** 回 × **2** セット

**ここがPOINT**

ピョンピョンピョンと常に同じリズムで飛ぶだけでなく、高低差をつけたり、一度沈み込んだ後に高く飛んだり、変化をつけてジャンプしてみましょう。あきない工夫をするのも長続きのコツですよ。

## ファシリテーション効果で柔らかボディをゲット

# 柔軟性を高めて疲れにくい身体にヘンシン！

年とともに筋肉量が落ちるだけでなく、筋肉自体の柔らかさ―柔軟性が失われていくのは避けられません。さらには関節や身体の各ジョイント部分の可動域も狭まります。何もしなかったら、人間の身体は年とともに硬くなるようになっているのです。身体が硬くなると、どうしても疲れやすく、また転倒した際などに骨折や大きなケガにつながるリスクが高まります。適度な運動で筋肉量の維持と、柔軟性の維持に努めましょう。

### 皮膚の刺激による ファシリテーション効果

陸上 運動

前屈をしても、ちょっと窮屈なカンジが…

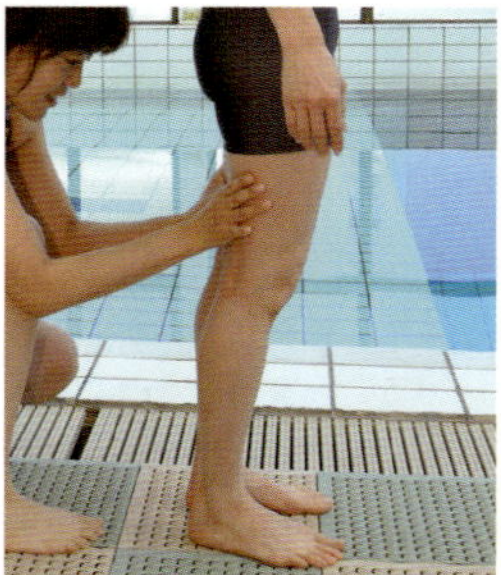

足の裏側を手でさすります。すると、あらフシギ！ハムストリングスの柔軟性が増します。

ハムストリングスの柔軟性が増すと、余裕で床に手が届くように！

# かかと落とし

水中
運動

手で足の裏側をさすると柔軟性が増すこと（ファシリテーション効果）を紹介しましたが、水中で「かかと落とし」をすると、水の抵抗が足の裏の刺激となるため同様の効果が得られます。

**運動目安**
左右各
**5 ～10** 回

足の裏側全体で**「水をたたき割る」**、あるいは**「抵抗を感じながら水を切り裂く」**イメージで一気に振りおろします。
※詳細は P.106 ～ 107 を参照。

**ここが POINT**

個人差もありますが、地上では重力の関係で、脚はこれぐらいまでしかあがらないもの。**脚は体重の６分の１あると言われている**ので、体重６０kgの人だったら、片足１０kg。けっこうな重さですよね？

ところが、水中では浮力のおかげで**足の重さは限りなくゼロに近い**ため、このように水面まで楽々あがります。この状態から、思いっきり足を振り下げます。

メタボ対策はこれでバッチリ

# 基礎代謝をあげてムリなくサイズダウン

「代謝を良くする」「脂肪が燃えやすい体質になる」には、コンスタントに身体を動かし、筋肉をつけてあげなくてはいけません。体力・筋力が衰えている高齢者の方や運動初心者、運動らしい運動は何十年もご無沙汰という〝ブランク組〟におススメの運動が、この水中足ぶみです。１分１セット×５セットを目標に、まずは３か月間程度がんばってみてください。食事もおいしく感じられ、グッスリ眠られ、便通もよくなる、まさに快食・快眠・快便の快適ライフを手に入れることができますよ。

## 水中足ぶみ

水中
運動

**運動目安**
1セット
**1分×5セット**

上体をまっすぐにして立ちます。目線はまっすぐ前に。慣れてきたら、手は大きく前後に振りましょう。**太ももで水を持ちあげる意識**で、ワンツー、ワンツー！

※詳細は P.100 を参照。

# 水中スクワット

運動目安
1セット
5回×2セット

水中
運動

**親指を骨盤と太ももつけ根ではさみ込むように**しゃがみます。

基本の姿勢

ここがPOINT

大腿骨《だいたいこつ》と股関節で親指をはさんだこの状態・姿勢を作ります。はじめにこの状態をできるようになりましょう。

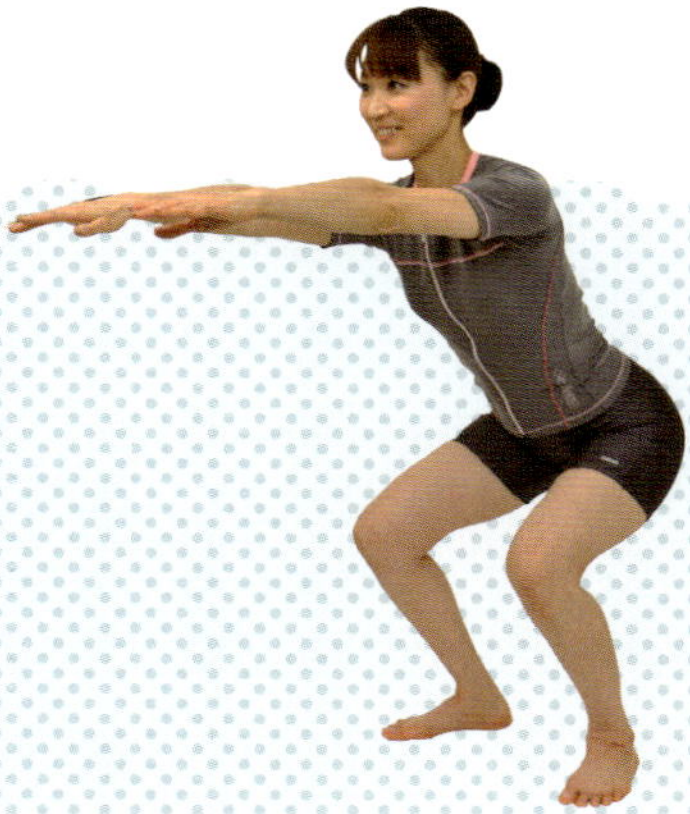

**同じ姿勢で、腰にあてた両手を前方に伸ばして**みましょう。
中腰の体勢で、この動作を繰り返します。

# Column 教えて八木先生 2

## Q ひどい冷え症です。長い時間水中に入っていると身体が冷えるんじゃないかと心配です。

**A** プールの水温は体温より低い30度前後に設定されていることが多く、**プールの中に入ると血管は収縮します。ところが、プールからあがると反動で血流がよくなります。**

プールの中では体温をあげようと代謝をうながし、脂肪が燃焼しやすくなります。プールからあがって着替えた後もこの燃焼は続きます。プールからあがった後ポカポカするのはこのためです。

アクア・コンディショニングは通常30～60分程度で行うことが多く、**常に体を動かしている状態ですので、体が芯から冷えることはないと思います。水中運動を継続して行っているうちに冷え性が改善**したという人もいらっしゃいますよ。

---

## Q いきなりスポーツクラブに入るのが不安です。

**A** **まずは公共の施設を利用する**ことから始められたらいかがですか？　今や日本全国津々浦々ほとんどの市町村に公営のプールが必ずひとつやふたつあるものです。
料金も2時間単位で300円から500円程度と手ごろですし。**何度か足を運んでみて、「長続きしそうだな」「面白くなってきた」という感触を持てたら**、会員制のスポーツ・クラブに入られても良いと思いますし、最近では公共施設でも定期的なレッスンを始めているので、そちらに参加されても良いかと思います。

# Lesson V

## Down-size

健康のための肥満解消！
パーツ別エクササイズ

# パーツ別エクササイズ① 上半身

# プニュプニュ体型にサヨナラ！

脂肪を燃やして、エネルギーに転換してくれる「褐色脂肪細胞《かっしょくしぼうさいぼう》」をご存知ですか？　褐色脂肪は首の後ろと肩甲骨の下あたりの背骨に沿って多くあり、冷たい環境下で刺激することで、熱を作り出して体温を維持するために働きます。

肩こりが改善するだけでなく、エネルギーが燃えやすくなって肥満の解消につながるのです。

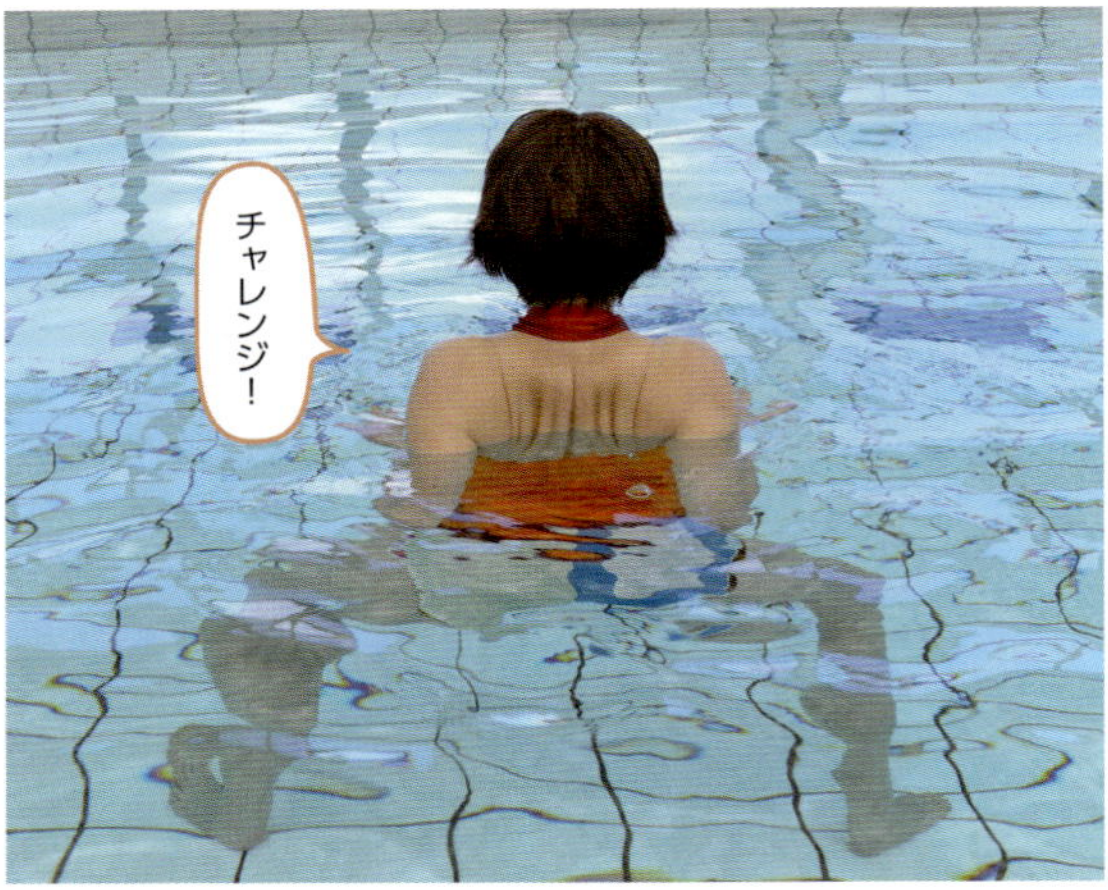


太っている人は肩甲骨を寄せても、このように背中に5本線が出ません。また第七頸椎周辺にこぶのような脂肪の塊ができやすい特徴があります。ここをよくもみほぐして刺激を与えることで、脂肪を燃焼させましょう。

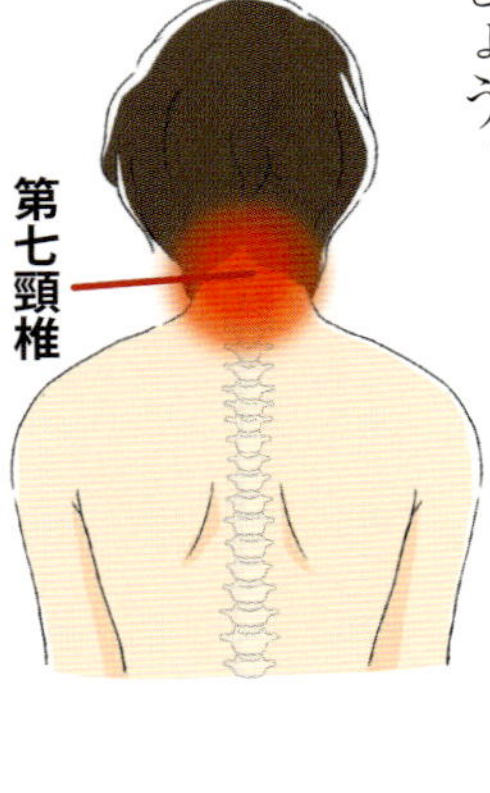

# ポーズダウン体操

水中運動

シェイプアップされた美しい逆三角形のボディ作りにかかせないエクササイズをご紹介します。

**運動目安**
1セット
**12回×2セット**

1. ひじを写真のように曲げて、**胸が広がるように腕を横に開いて、肩甲骨を背中の真ん中へ寄せます。**手のひらは顔に向けます。

2. 次に、両ひじを脇へ引き下ろすように腕ごと下げます。さらに**肩甲骨が真ん中に移動するようなイメージを持ちましょう。**

**ここがPOINT**

**横から見たときに、腕全体が肩の位置より後方で動かすのが理想です。**

## パーツ別エクササイズ② 下半身

# すっきり下半身に大ヘ・ン・シ・ン！

下半身のぜい肉、たるみ、むくみ、セルライト…などなど。「年のせいだから」とあきらめていませんか？ いくつになっても、やっぱり「できることならやせたい！」というのが、女心。このエクササイズは、水の抵抗を利用することで、より高い効果が得られます。なでしこジャパンの選手になったつもりで水をキックして、さあ、すっきりとしたウエストとヒップを手に入れましょう。

## なでしこ・ツイスト　水中運動

シャープな下半身を手に入れる下半身ツイスト

顔と床についた足のかかとが体の中心（＝軸）に沿ってまっすぐに。

顔は動かさないで、上半身は正面を向いたままキープ。

床についた足のかかとはひねらないで、まっすぐをキープします。

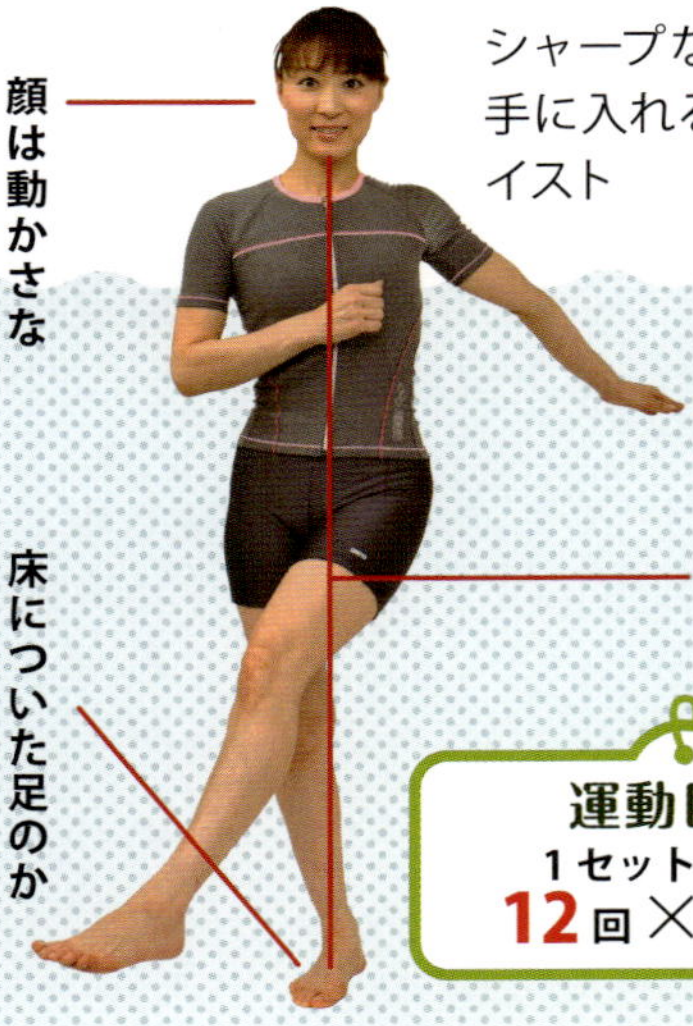

**運動目安**
1セット 左右各
**12回×2**セット

**1.** 片足のひざを伸ばしたまま足をクロスさせて前に蹴り出す。同時に、蹴り足とは反対側の腕は90度曲げて前に。前に出した足は両足をそろえるように戻す。おへそは常に正面に向ける。**おへそから下をねじる（＝ツイストする）意識を強く持つことが大切です。**

## 2. 次に 1. と同じように反対側の足と腕も同じように動かす。

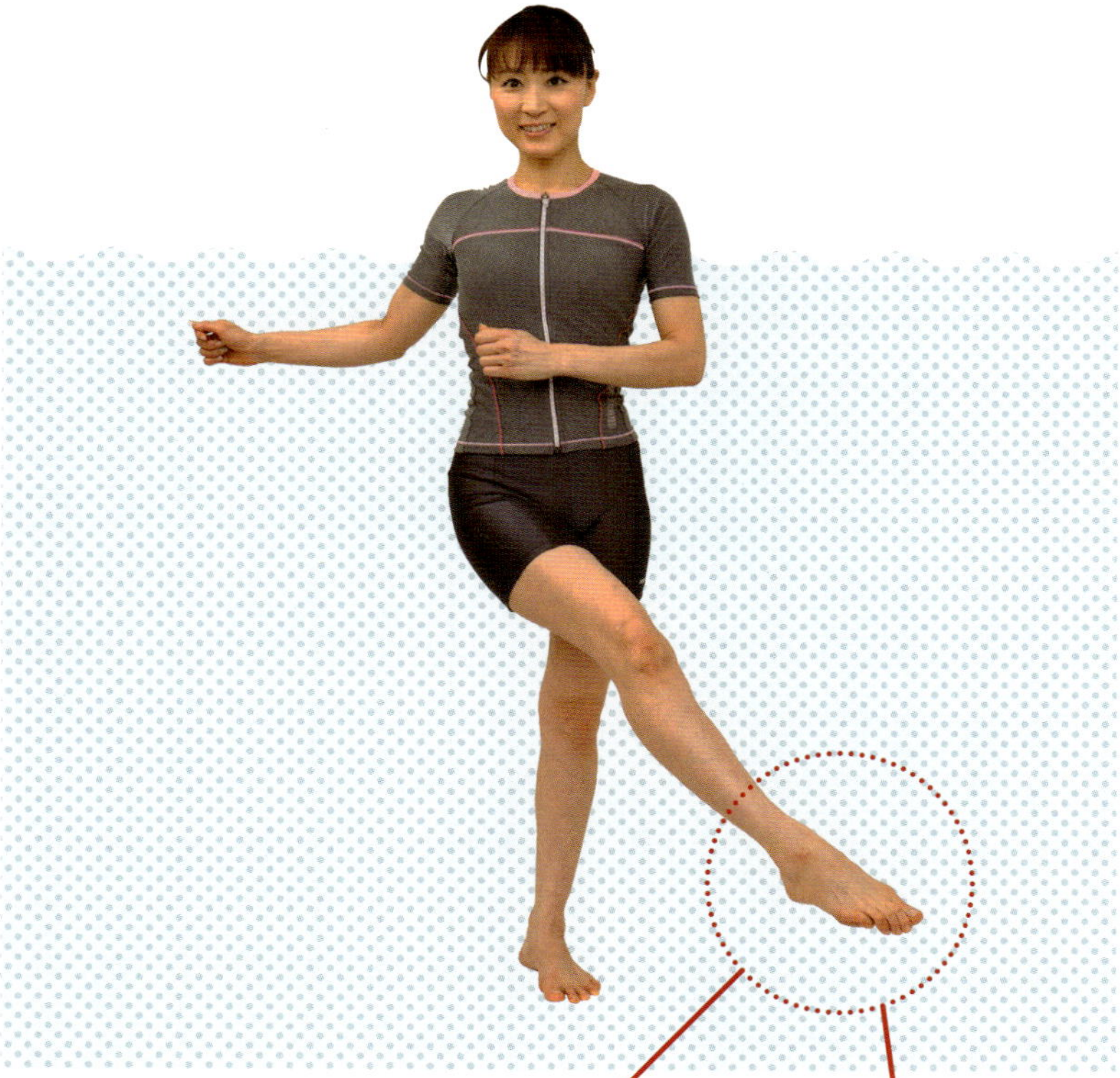

**お尻に Good！**

足をそろえるときに、水を後ろに蹴り戻す力が強いと、**ヒップアップ効果があります。**

**お腹に Good！**

水を蹴りあげる力を強く意識して足を前に出すと、**ウエストのシェイプアップ効果があります。**

パーツ別エクササイズ③ 首

# 二重アゴをなんとかして、小顔になりたい！

アゴは脂肪がつきやすく、ちょっと油断するとお肉がついてしまいます。また顔が大きく見えると、実際の体重以上に「太って見えて」しまうものです。

二重アゴは肌のたるみ、アゴの筋力低下、また猫背による姿勢の悪さなどが原因になります。すっきりとしたフェイスラインは実年齢以上にその人を若くみせます。この運動で小顔をめざしてください。

## ネック・ストレッチ

陸上
運動

基本の首ストレッチです。片腕を伸ばし、もう一方の腕で伸ばした腕を支えてよく伸ばします。

ここに効く！

運動目安
左右各10秒ずつ

伸ばした腕の方向にゆっくりと首を動かす(=うなずく)と、首(筋)のストレッチになります。

# ショルダー・ストレッチ

陸上
運動

伸ばした腕の手のひらを内側や外側にまわしたりすると、伸ばしたほうの腕の肩や上腕のストレッチになります。

**運動目安**
**左右各10秒ずつ**

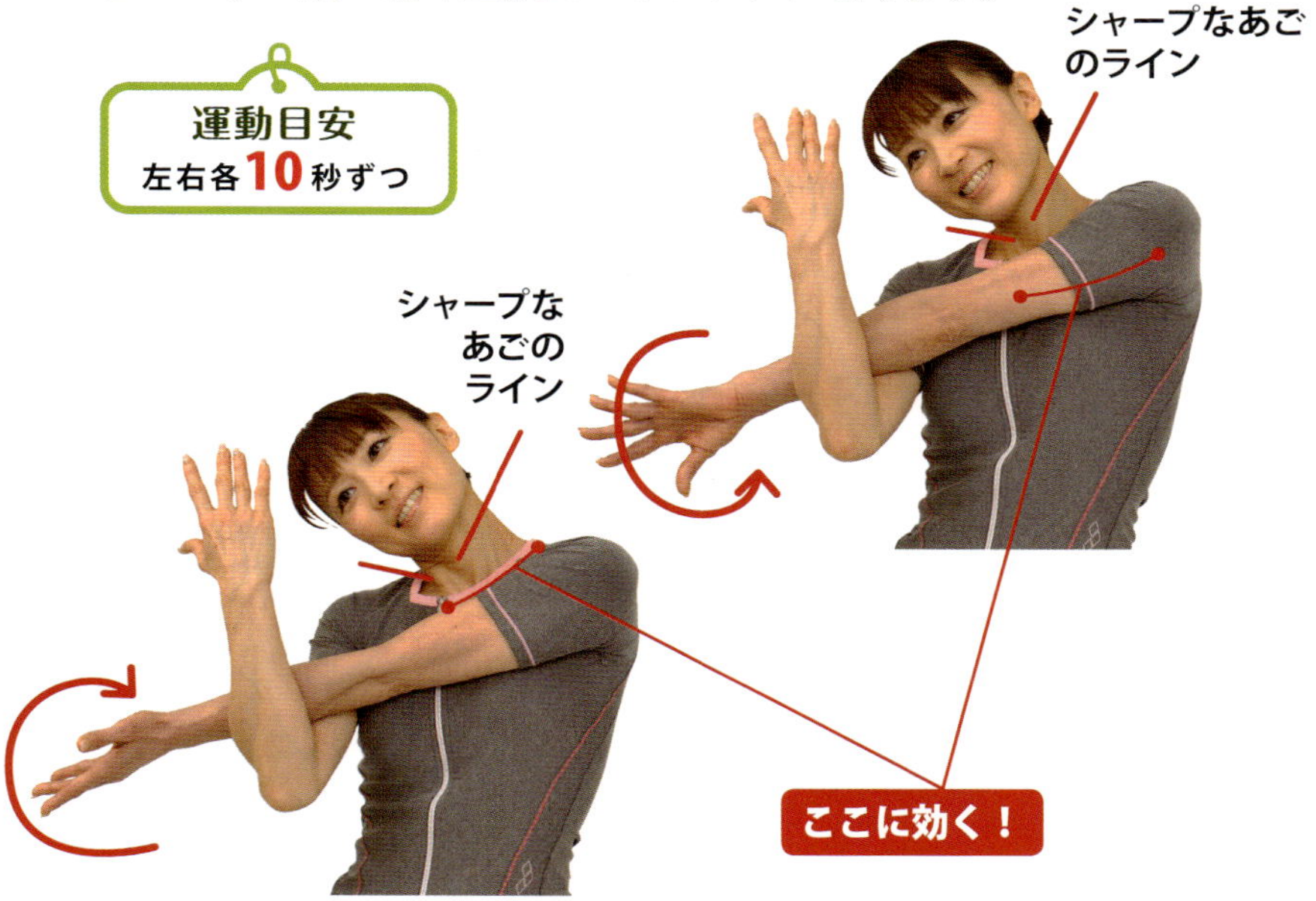


## シャープなあごのラインをつくる

表情筋を大きく動かすこともあごの筋力アップにつながり、シャープなあごのラインを作ります。

## パーツ別エクササイズ④ 上腕

# このプルプルした 二の腕をどうにかしたい！

二の腕のたるみや太さを気にしている女性はけっこう多いものです。普段あまり使わない部分だけに、どうしてもぜい肉がつきやすく、気がつくとプルプル状態に…ということが多いようです。

　二の腕が太い（タルんでいる）と、どうしても実年齢以上に老けて見えるもの。がんばって、引き締まった腕を手に入れましょう！

# 振り袖バイバイ体操

水中運動

1. ひじを支点にして、**水の抵抗を感じながら腕を後ろに振ります**。このときに上体は決して反らさないこと。腰痛の原因にもなるので注意しましょう。

**運動目安**
1セット
**10回×2セット**

2. 腕が完全に後ろへ伸びきったら、今度は手のひらに水の抵抗を感じながら、最初の状態までひじを支点に曲げます。**できるだけ肩甲骨を背中の中央に寄せるのがコツです。**

**ここがPOINT**

**めざせ、天使の羽根。常に肩甲骨が背中の中央へ寄るようなイメージを！**

## パーツ別エクササイズ⑤ 胸

# 張りのあるバストをゲットする！

## かかえ込みエクササイズ

水中 運動

姿勢が悪いと、老けてみえるばかりでなく、両胸が離れて垂れてしまう「ハタレ」の原因にもなります。また、呼吸が浅くなることで、免疫力も低下してしまいます。

ここで紹介するエクササイズは、胸の上部の筋肉を鍛える運動で、健康的で、張りのあるバストアップ&美乳効果が期待できます。

胸が水中に入るようにひざを外側に曲げ、両足を大きく開き中腰の体勢をつくります。このとき、**お腹とお尻に力を入れてください。**次に、両腕を水面水平に目いっぱい後ろに伸ばします。

両腕で水を抱え込むように動かします。いっぱいまで交差させたら、両腕を後ろまで大きく開き、1. に戻ります。**背中を意識して腕を戻すと、背中のトレーニングにもなりますよ。**

**運動目安**
1セット
**10**回×**2**セット

## かかえ込みエクササイズ
# 持ちあげバージョン

水中 運動

かかえ込みエクササイズの縦バージョンは胸の下部の筋肉を鍛えます。こちらも、バストアップ&美乳効果があります。

1. 中腰の体勢になり、手のひらを下にして、両腕を真横に伸ばします。

**運動目安**
1セット
**10回×2セット**

2. 真横に伸ばした両腕を、胸の谷間をつくるように下の方向へ、大きくゆっくりまわして交差させます。

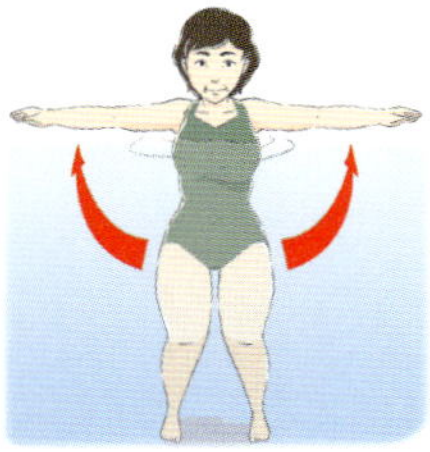

3. 今度は交差した腕を元の位置へ、ゆっくりと大きく半円を描くようにして1.に戻ります。

腕を戻すときに背中を意識して左右の肩甲骨を寄せると、きれいで若々しい姿勢になります。

また胸が開くことで呼吸が楽にできるようになり、バストの位置があがる効果があります。

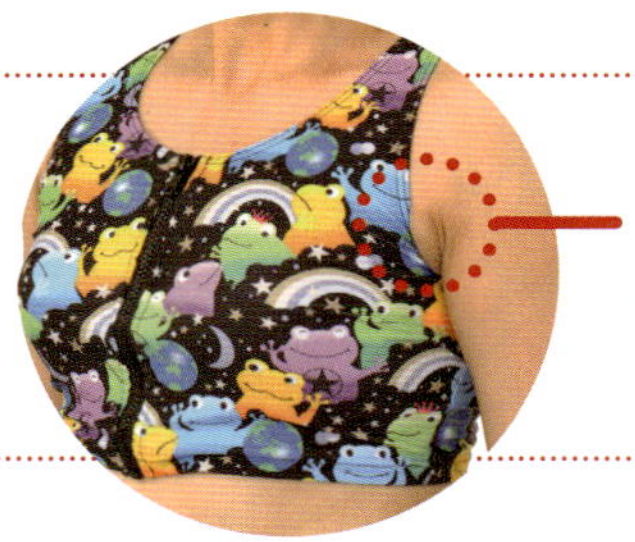

**この部分にプクッとお肉がハミ出ませんか？　ここを意識しながらやると効果倍増ですよ。**

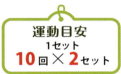

パーツ別エクササイズ⑥

腹部・腰①

# タルんだウエストまわりのお肉をなんとかしたい！

だらしなくボヨ～ンとふくらんだお腹は、単に見場の問題だけでなく、内臓脂肪の蓄積にともなう健康面での弊害も少なくありません。

近年メタボリックシンドロームの問題が注目されていますが、身体に負担の軽い水中運動こそ、メタボ対策の切り札といっても過言ではありません。まずは「マイナス５センチ」を目標に、サイズダウンをめざしましょう。

## 六法ウォーク

水中運動

**運動目安**
左右**5**歩ずつ
各**2**回

1. まず片方の足を水面ギリギリまで真横にあげます。このとき、**脇腹を意識します。**上体は横に寝かした状態でＯＫです。

# おっとっとっと〜！

2. 次に上体を起こして、両腕は軽く体の前に。脇腹の筋肉が「詰まる」感覚をキープしながら、あげた足と逆方向に、**歌舞伎の「六法」を踏むイメージで「おっとっと！」移動をします。**

**!**

**チャレンジ　P.57 で紹介した「水面ワックスがけ運動」にひねりを加えてあげることで、やはりウエストまわりのタルんだお肉を引き締めてくれる効果があります。注意点としては、手の動きに引っぱられて身体全体が同方向に“流れ”ないように。上半身と下半身の“ひねり”を意識してくださいね。**

パーツ別エクササイズ⑦　腹部・腰②

# 気になるウエストまわりのお肉をなんとかしたい！

人間の身体はうまくできていて、使わないところには余分なお肉がついてしまいます。皆さんの手に余分な脂肪がついていますか？　おそらく世の中の95％以上の人の指には、ぜい肉などついていないはずです。ウエストのお肉をなんとかしたかったら、意識して動かすことです。家事、炊事、掃除、洗濯、そして運動する際に、強く意識することです。たくさん動かしてあげることです。3か月もすれば、姿見を見るのが楽しくなっているハズです。

## どすこいツイスト

水中
運動

**運動目安**
1セット
**10回×2セット**

これが基本の姿勢です。**ひざの位置が足先よりも前に出ないように注意**してください。水中より多少は腰に負担はかかりますが、陸上で行っても同様に効果はありますよ。

水しぶきを前方にはねあげるように手のひらを押し出し、**「どすこいどすこい」とプッシュ**します。

左右両方の手で行いますが、あくまでも大切なのは、上半身のひねり。お間違いないように！
**左右交互に10回ワンセットで、2セット**

手のひらで水しぶきをはねあげ、プールサイドに置いたターゲットをねらう競争や、中央に置いた浮遊物（ボールのようなもの）を水しぶきで向かい側に送り出すゲームをグループで行うなど、ゲーム性を加味してもいいでしょう。

## パーツ別エクササイズ⑧

### 腹部・腰③

# ポッコリお腹を凹ませたい！

一般的に、お腹のたるみはまず脇腹～前側へと移行していくことが多いようです。つまり、布袋《ほてい》様のようなお腹は、かなりマズイ状況ということが言えます。当然、運動だけでポッコリお腹を撃退するのは大変なので、食事療法も並行して行うことが必要になってきます。「腹筋は1日してつかず」です。個人差もありますが、3か月～半年はこのオーソドックスな運動に励んでみてください。

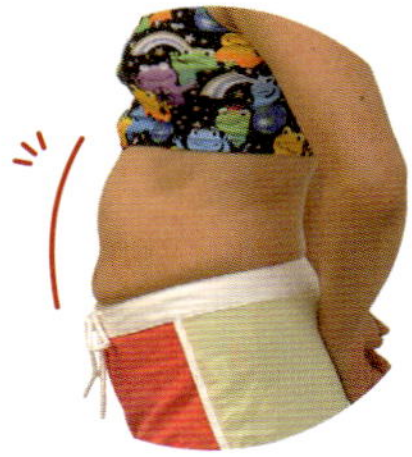

準備完了！

**これが ニュートラル・ポジション**

**お腹をへこませること。ふくらませないで！**

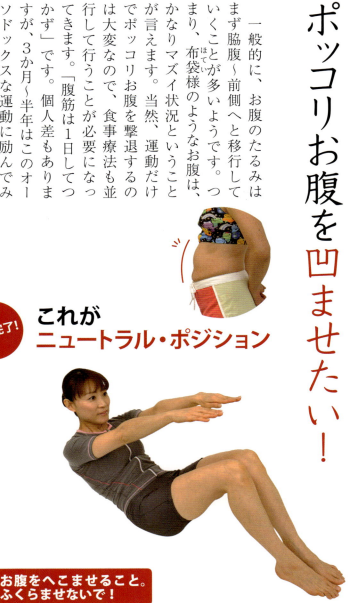

## 初級者向け！
# 腹筋ダウン法

陸上 運動

運動目安
1セット
5回×2セット

床に寝た状態から身体を起こす通常の腹筋は、筋力のない高齢者や女性にはハードルが高いので、「終点から逆戻り」のバージョンから始めましょう。この位置から徐々に後ろに身体を倒していきます。あくまでも**ゆっくりと！呼吸は止めないで、お腹をへこませましょう。ふくらませると首、背中が痛くなります。**

このニュートラル・ポジションでストップ。筋力のない高齢者や女性は、初めのうちはこの位置で止めることができずに、床まで倒れ込んでしまうと思います。でも、心配ご無用。**トレーニングを続けていくうちに、ピタッと止められるようになるので、がんばって続けることが大切です。**

## 中級者向け！
# 腹筋アップ法

陸上 運動

運動目安
1セット
5回×2セット

慣れてきたら、通常のパターンの腹筋にもトライしてみましょう。この状態から身体を起こします。最初のうちは足（足首）をだれかに持ってもらってもいいでしょう。机やベッドのヘリに足を引っかけてもいいですね。**ひざは必ず曲げてやること**。ひざを伸ばして行うと、腰を痛めることがあります。

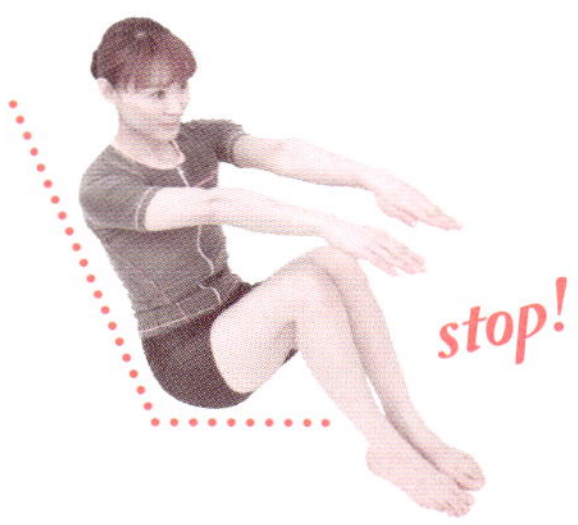


この位置まで起こしたら、また**ゆっくりとスタートの位置に戻ります**。他に、ニュートラル・ポジションで数秒間停止するパターンや、起きあがるときにひねりを加える上級編など、いろいろなバリエーションがありますが、まずは基本の腹筋ができるようにがんばりましょう！

## パーツ別エクササイズ⑨ 腹部

# ポッコリお腹を引き締めたい！

この運動の特徴は、蹴りあげている足よりも、立っている足（＝軸足のお尻のほう）に効くという点です。正しい姿勢をキープするのに役立つ腹筋とお尻の筋肉が強化されます。かたよりのないよう、バランスよく片足ずつ均等に行いましょう。

### スタンディング・マーメイドキック

水中 運動

**運動目安**
左右各**5～10**回

1.

まっすぐ立ちます。**足裏でしっかりと踏ん張って、バランスを取りながら**太ももをあげます。

2.

ひざから先を柔らかく使うイメージで水を蹴りあげます。**水面から水しぶきをあげるように足首から先をしなやかに使って**みてください。

これはNG!

腰が反り過ぎないこと。お腹を意識して使うようにしてください。

## パーツ別エクササイズ⑩ お尻①

# 垂れ気味ヒップをなんとかしたい！

同じ場所で足ぶみを続けることは実際にやってみると、想像以上に水の抵抗や浮力、水流があるため、けっこう難しいものです。1分1セットで、5セットを目標にスタートしてみましょう。

ヒップアップ効果とともに持久力、体力、代謝を高める効果も期待できます。

### 水中足ぶみ

水中 運動

**運動目安**
1セット
**1分×5セット**

ワンツーワンツー、**テンポよくリズミカルに足を動かしましょう。手は大きく前後に振ります。**慣れてきたら、徐々にスピードアップしてみましょう。**足の裏で水を押すようにすると、ヒップアップ効果が増します。**

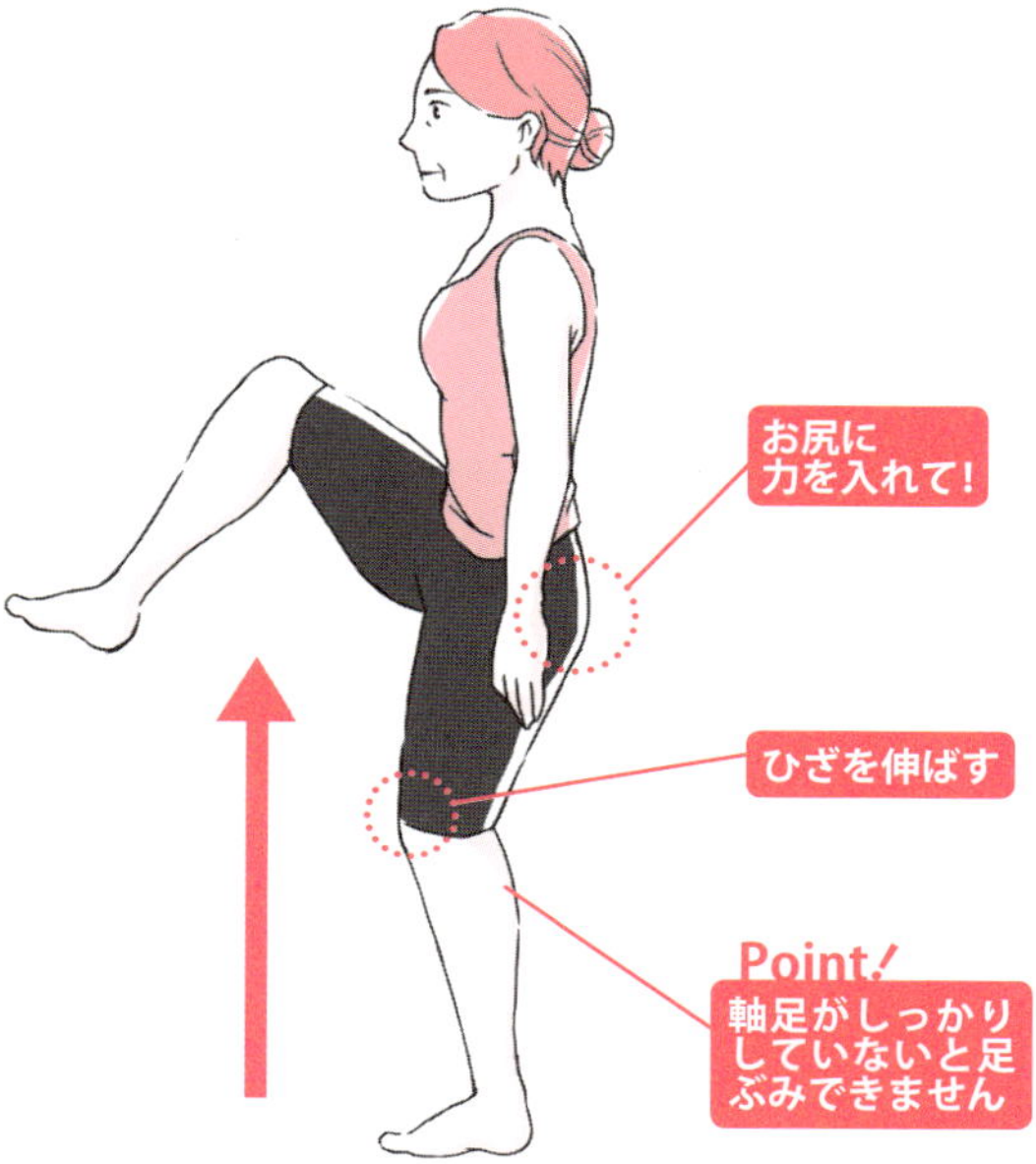


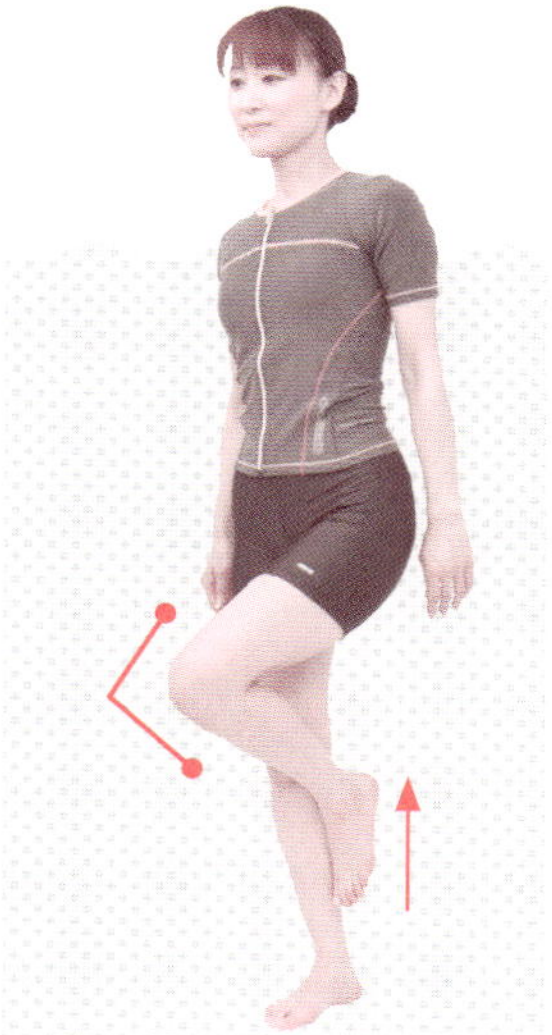

踏み出した足が下がり過ぎている悪い動き。**太ももとひざから下は 90 度以下になってはいけません。**

猫背や腰が反り過ぎてはいけません。腹筋とお尻に力を入れ、**体幹をしっかりと保つことが大事**です。

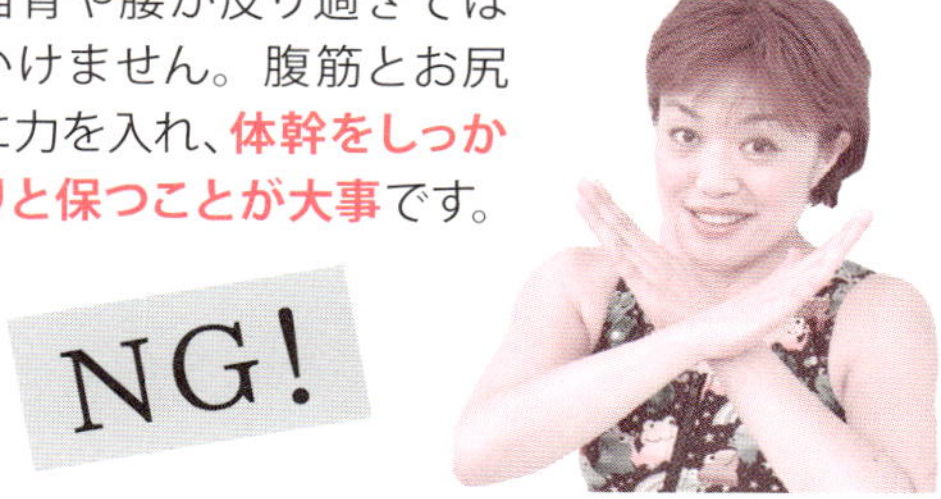

パーツ別エクササイズ⑪

お尻②

# めざせ小尻。デカ尻をなんとかしたい！

陸上での〝三大トレーニング〟の1つであるスクワット。その水中バージョンです。浮力による体重軽減のおかげで、足関節〜ひざ関節〜股関節の連動動作が地上より数多く、楽にできます。関節強化、筋力アップ、全身バランスの向上につながるのはもちろんのこと、下半身を柔らかく、しなやかに使うことでお尻の引き締めや美脚効果もあります。

## ジャンプ・スクワット

水中
運動

**運動目安**
1セット
**5回×2セット**

Jump!

お腹は締める。
背筋はまっすぐのまま。

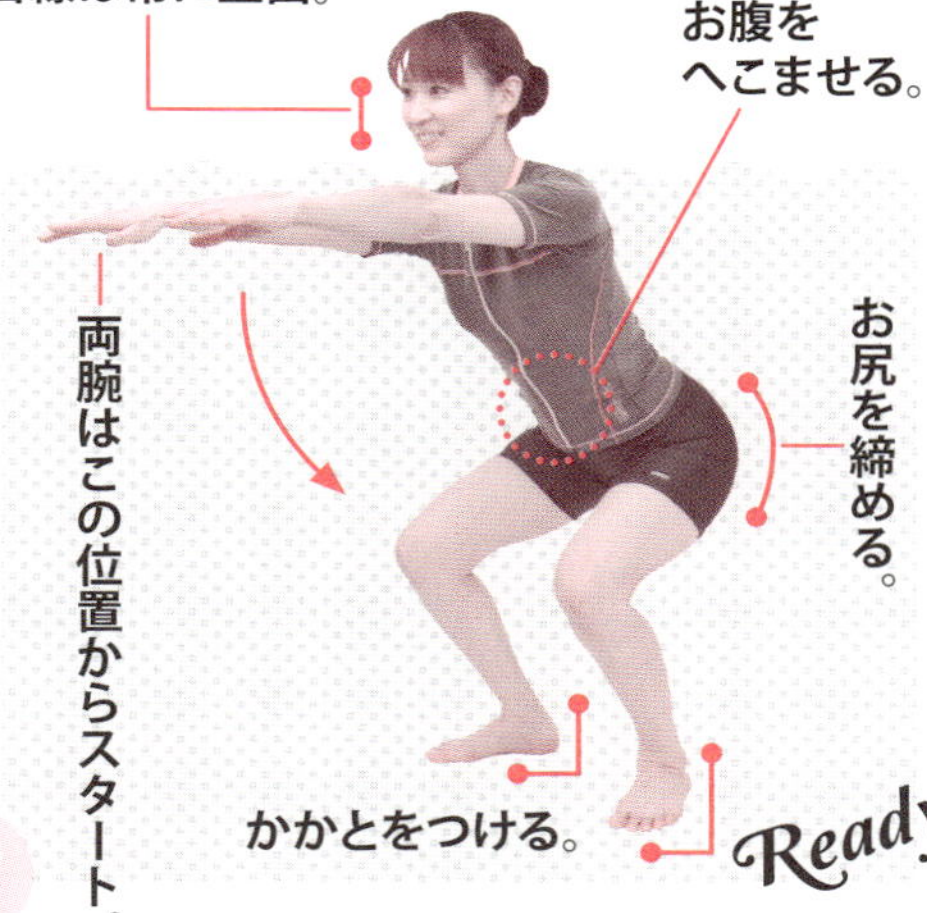
目線は常に正面。
お腹をへこませる。
両腕はこの位置からスタート。
お尻を締める。
かかとをつける。

Ready?

1. 両足を肩幅よりもやや広めに開いてまっすぐ立ちます。お尻を後ろにつき出すようにしながらひざを曲げ、両腕を伸ばします。**つま先よりひざが前に出ないように！**

2. 1. の準備体勢をとったら、両腕を伸ばしたまま垂直まで振る反動に合わせて、**両ひざをまっすぐに伸ばして、真上に向かってジャ～ンプ！**

3. **着地はつま先から。その後にかかとを着けます。**ひざを伸ばしてまっすぐ立ったら、最初に戻って同じ動作を繰り返します。

**ここがPOINT**

**腹筋を意識しながらお腹を引き締め、背筋を伸ばしたままジャ～ンプ！**

パーツ別エクササイズ⑫

脚

# X脚・O脚を治したい！

X脚とO脚は関節などに負担をかけ続けるため、ひざや足首、腰などに痛みが出ることが少なくありません。「ズーッとO脚だったから」「もう年だから治らない」とあきらめていませんか？

X脚・O脚を改善することは可能です。このストレッチをウォーキング前に十分行う習慣をつけるといいでしょう。

## 判別法

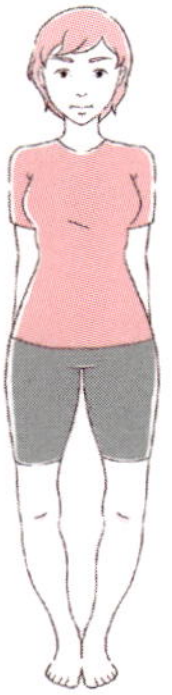

### O脚

両足をまっすぐ伸ばした状態で**ひざがくっつかない人は、O脚予備軍です。できた隙間に指3本が入るようならO脚**です。

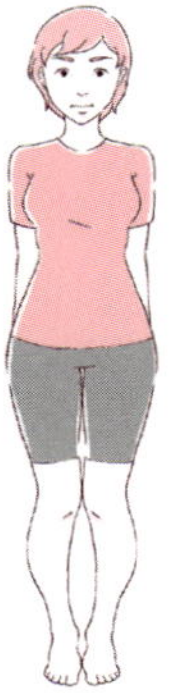

### X脚

両足をまっすぐ伸ばして**ひざの内側をつけたときに、かかとが離れてくっつかない人**。

## X脚・O脚 改善ストレッチ

**親指はつけなくてもOKです**

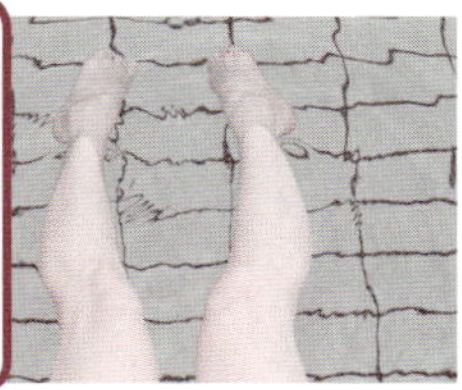

足の指をグーにして、足全体をまっすぐにします。この状態から**ひざとつま先を内側に向ける動作を繰り返し行います**。

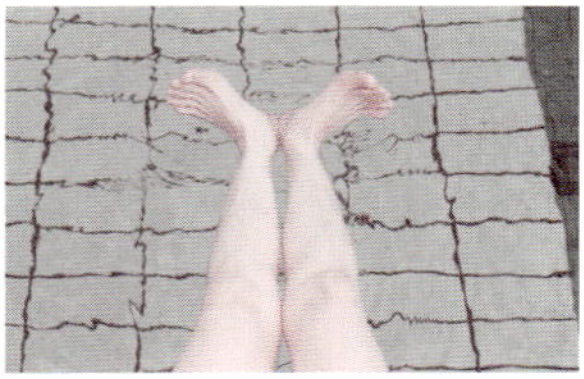

ひざを伸ばして、ひざ、ふくらはぎ、かかとの3点を合わせます。**この3点が離れないように力を入れながら、**つま先を扇形に開閉させます。

## おいらん歩き

足をハの字に内側へ向けて、後方へ**移動する足を内の方へ半円をえがきながら、**後ろにゆっくり歩く。

水中
運動

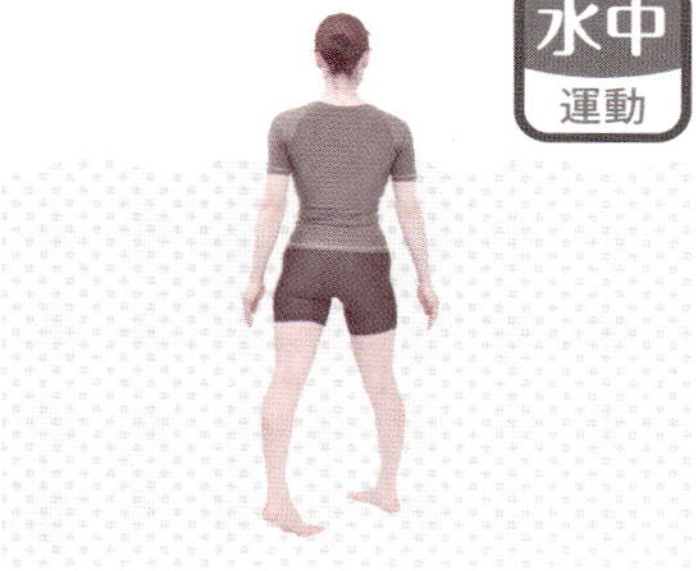

片足のかかとは底にしっかりとつけておきます。ひざは曲げずにまっすぐ伸ばしたままの状態で、内側から外側へ向けて、半円を描くようにゆっくり後ろへ振り**出します。おいらんの歩く姿をイメージして「しゃなりしゃなり」と**歩いておくんなまし。

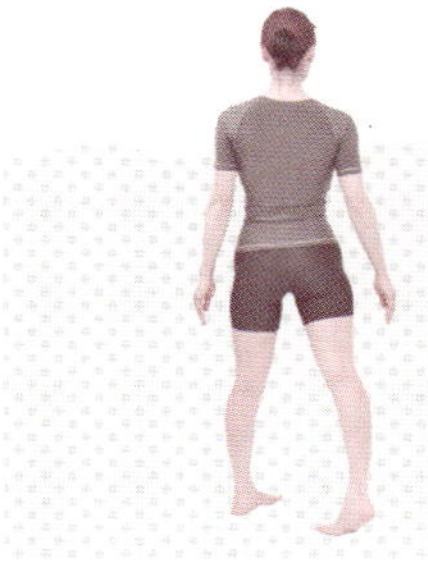

こんな
かんじに
足を動かす

振り足を着地させたら、**重心（軸足）を移動させて、**初めの動作から繰り返します。

## ペンギン・ウォーク

つま先はあまり意識せずに、かかとを使って歩きます。**ひざ、ふくらはぎ、かかとの3点が離れないように**歩くため、歩幅は狭くなってOKです。

水中
運動

ひざ、ふくらはぎ、
かかとをくっつけるよう
に踏み出す。

**運動目安**
**1セット1往復**
**10歩で行き、10歩で戻る**
**2セット**

ここがPOINT

**お尻が後ろに出っ張ったり、下がったりしないこと。お腹をしっかりと引き締めて！**

パーツ別エクササイズ⑬

美脚への道①

# 太ももを引き締め、健康的で筋肉質な脚をめざす！

「足を細くしたい」という方の多くが、太ももの太さを気にしていらっしゃいます。中でも太ももが太いと、面積の関係もあり、バランスが悪くなりどうしても太って見えてしまいます。ジーパンの似合う、ぜい肉がない、カモシカのようにスラッとした、そんなステキな足を手に入れられるようにがんばりましょう！

## かかと落とし

水中
運動

水中で「かかと落とし」をすると、足の裏側に刺激を受けるため、**手で足の裏をさすったのと同じ効果（ファシリテーション効果）**が得られます。

1.

**足は浮力によって水面と並行のラインまであげることができます。**手は軽く開いてバランスをとってください。

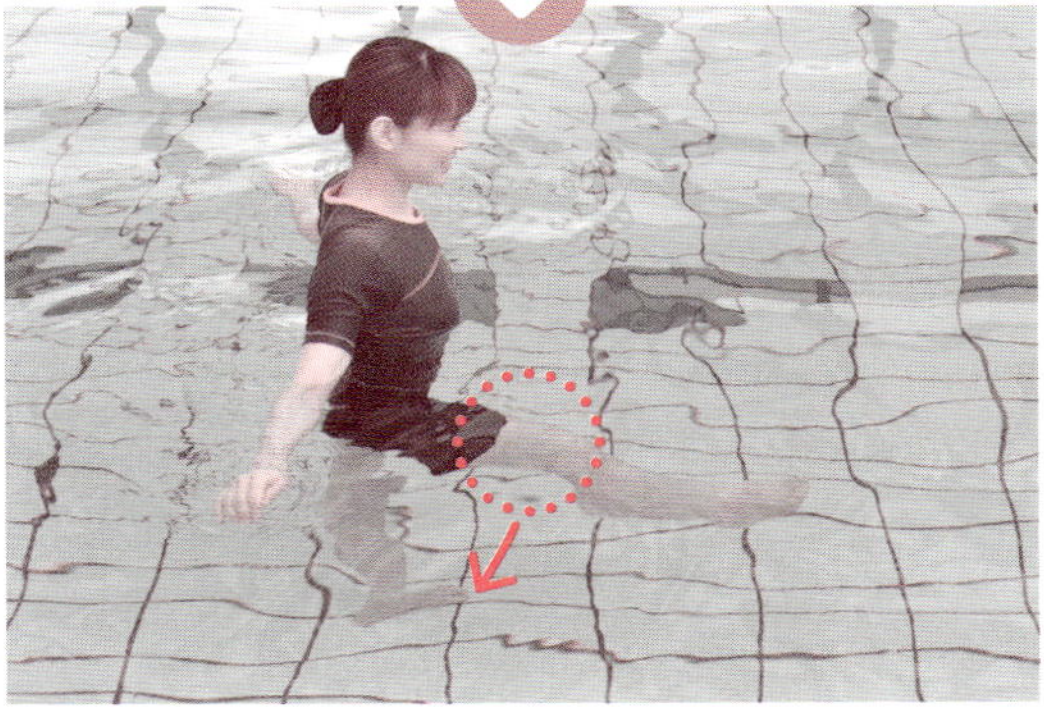

2.

水面の位置から軸足とそろう位置まで、**太ももを意識して、一気に足を振り下ろします。**

これはNG!

- ひざから下が曲がってはダメです。
- お尻が出てもダメです。

# パーツ別エクササイズ⑭

## 美脚への道②

# むくみを取り、脱〝ブルルン足〟をめざそう！

ぜい肉を減らすもっとも確実な方法は、気になる部分を積極的に動かしてあげることです。足に筋肉をつけて脂肪を燃やしやすくすることで、足は確実に細くなります。「運動してムキムキの足になってしまったら…」と心配する方もいらっしゃるかもしれません。でも心配ご無用。サッカー選手や短距離走の選手ほど激しい運動をするわけではありませんから、筋肉ムキムキの足にはなりません。水の力で、すっきり足にヘンシンすることは確実です。

## シザース運動

水中
運動

プールサイドに浅く腰かけて行います。股関節が柔軟になって、血流もよくなります。また、下腹やお尻も使うので、美脚トレーニングにもなるのです。足の体操の動きを、左右の足を交互に動かしながら行います。**あげた足は水面から完全には出ないようにしましょう。**

## これはNG!

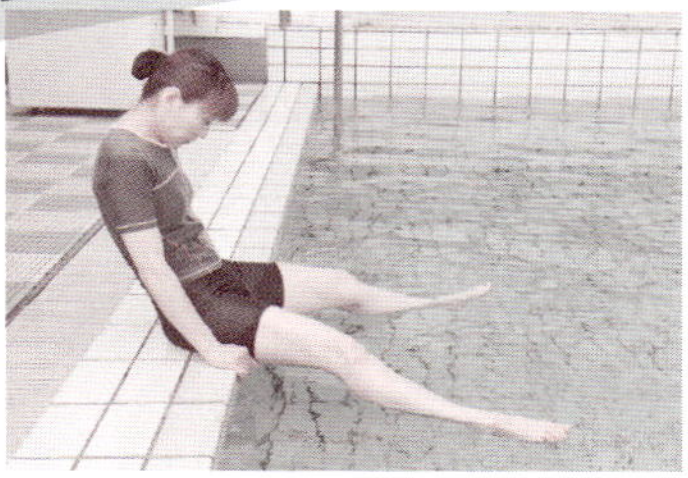

猫背や足元をのぞき込むような姿勢は厳禁です。

のけぞり過ぎてもいけません。背筋はピンと伸ばしてくださいね。

**閉じたときは、両足の内側がプルプルするかもしれませんが、がんばって交差しましょう。**

ここがPOINT

今度は左足を上に。次に 1. に戻ります。この一連の動きを繰り返します。

まず右足を上に。

1. の体勢に戻ります。

**運動目安**
1セット
**5** クロス × **2** セット

パーツ別エクササイズ⑮

美脚への道③

# キュッと引き締った 足首になりたい！

足にはたくさんのツボがあります。特に、足の裏には体内機関に直結するツボが集中しています。足のマッサージや指圧をおススメする理由は簡単、自分でも手軽にできるからということです。自分の背中をマッサージできますか？　自分で腰のマッサージを無理なく行えますか？　ところが、足への指圧やマッサージなら比較的楽に行えますよね？　痛み（激痛）をともなわないハリやコリ、ダルさ、むくみは自分の手で解消する！　ぐらいの意気込みでアナタもトライしてみませんか？

## 基本的な足のマッサージ

### 足指マッサージ

陸上運動

手と足の指を握り合うように交差させ、手首をまわすようにしながら**足の指のつけ根を刺激**します。

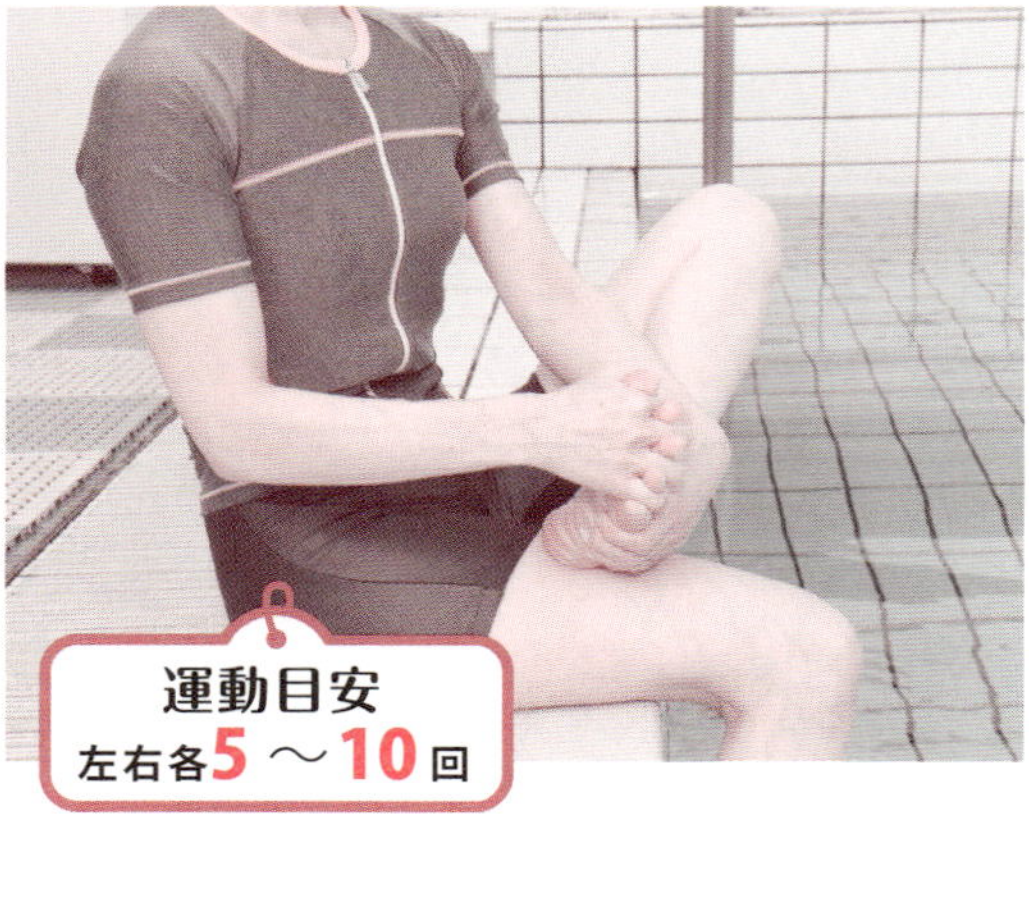

## 足アーチのツイスト

陸上運動

運動目安 左右各5～10回

足の甲をぞうきんをしぼる要領でしぼりあげながら、**左右の手でねじり（＝ツイストさせる）ます。**

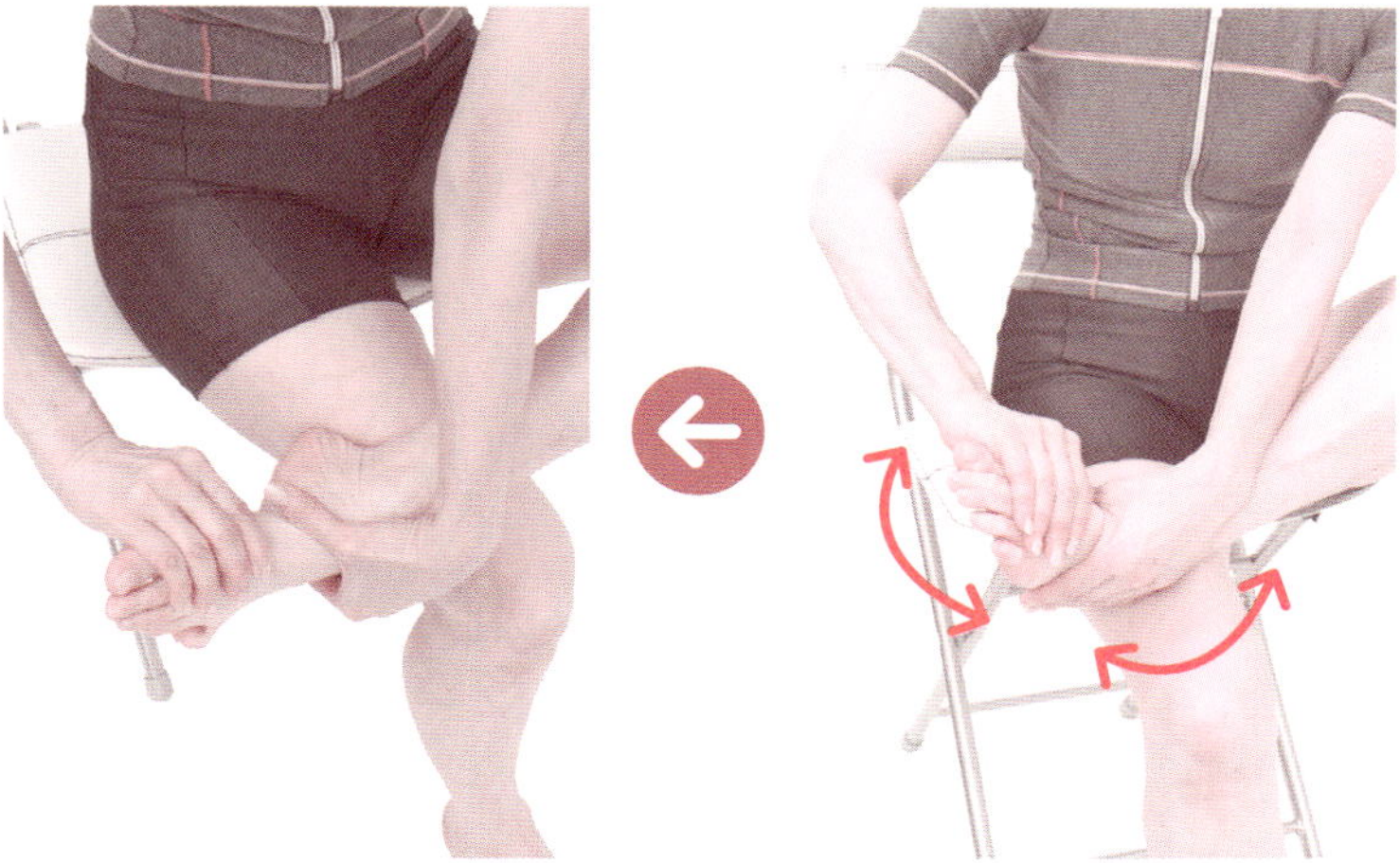

## ふくらはぎツイスト

陸上運動

運動目安 左右各5～10回

これもぞうきんをしぼるような要領で、**両手で握ったふくらはぎを交互にひねりながら**マッサージしていきます。

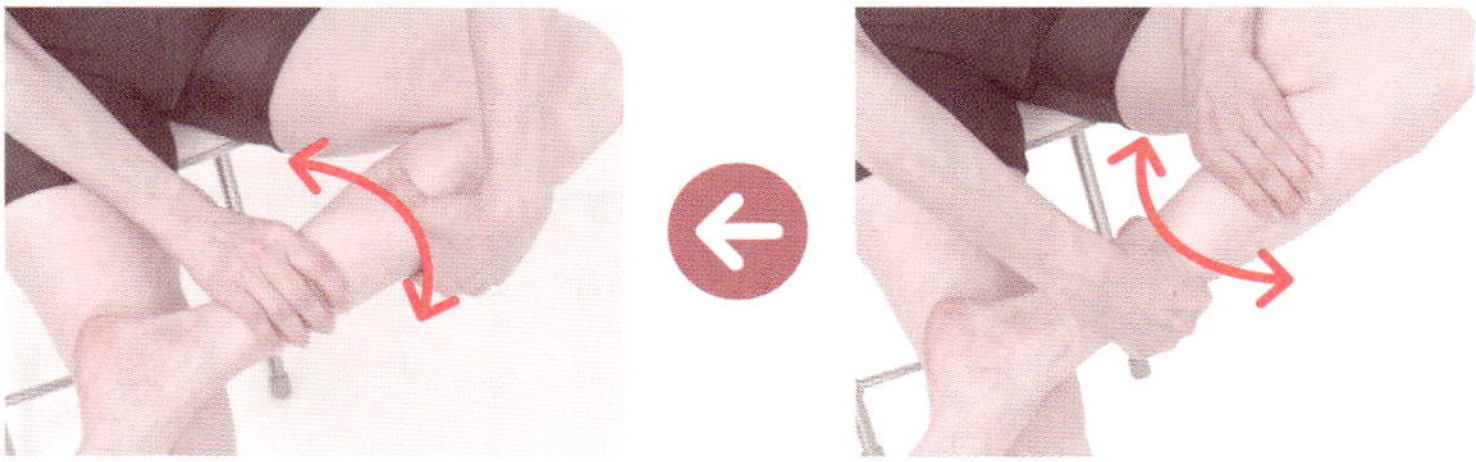

*attention*

# ウォーターマジック

水深が深くなれば深くなるほど水圧が高くなることは皆さんご承知のとおりです。もちろんプールも例外ではありません。すでにお話ししたとおり、肩まで水に浸かった場合、胸部より腹部、腹部より太もも、太ももよりふくらはぎや足先のほうが水圧が高くなります。写真１．は陸上、写真２．はプールに入ったときのものです。プールに入っただけで、ほとんどの人は太ももまわりで指が３～４本入る分ぐらい細くなります（＝水圧の力で押し縮められる。ウエストまわりで指２～３本分は細く！）。

**［プールの中では…］**

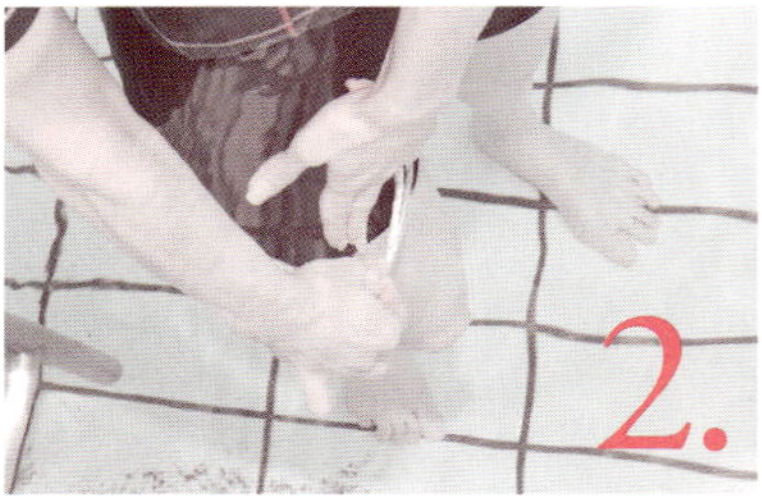


**［プールに入る前］**

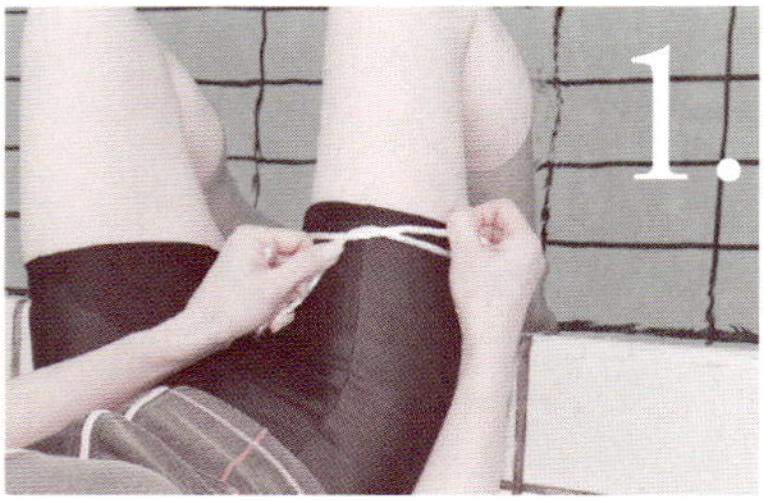


退水後はしばらくは引き締まった状態が続きますが、悲しいかな時間の経過とともに重力の関係で以前の状態に戻ってしまいます。ただ、水中運動を継続することで筋肉がつき、水温や水流の力で余分な脂肪も燃焼しますから、全身がシェイプアップされていくことは間違いありません。

# LessonⅥ

## Ending

# 水中運動を
# より効果的にする
# プラスαインフォメーション

PLUS α ❶ Information

# 水中運動の効果を より高める 退水後の過ごし方

”魔の10分間“については、すでにお話ししました（10ページ参照）。退水直後も同様で、軽い脱水症状、立ちくらみ、めまい、心拍数の変化等が起きやすくなります。これらは、浮力のある水中から重力のある陸上にあがることによって起きる現象です。

また水中運動を始められて間もない方は、身体が軽く感じられ、地上では難しい動きも比較的楽にできることもあり、ついがんばってしまいます。陸上ほど汗をかいている意識もありませんし、息があがる（＝苦しい）という感覚になりませんから、つい皆さんオーバーペースになりがちです。そこで、水（プール）からあがった後の注意点として、特に次の3点について気をつけていただきたいと思います。

**① 水分補給はしっかりと、忘れずに！**

**② 食事は退水後1時間以上たってから！**

**③ 運動当日の暴飲暴食は避ける！**

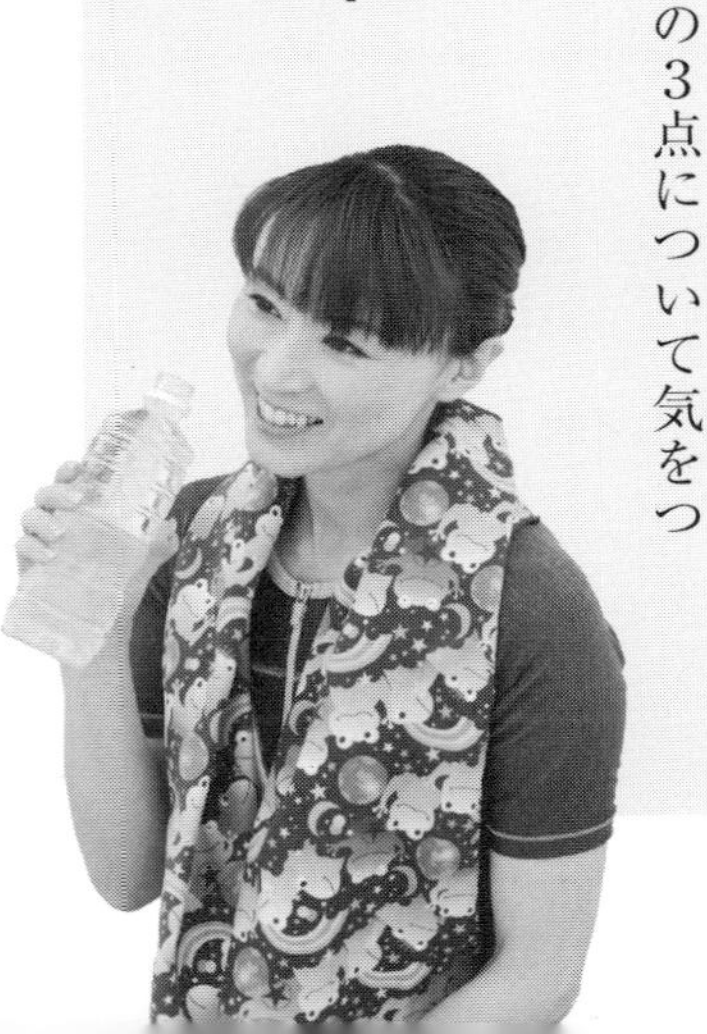

# 退水後に意識したい
# 3つの注意点

## ①水分補給はしっかりと、忘れずに！

人間の身体というのは水に浸かっていると、脳は水分が足りていると錯覚してしまいます。実際には陸上で運動をしているのと同様にしっかりと汗をかいています。ですから、退水後はしっかりと水分補給するように心がけてください。

退水後はつい冷たいものに手が出てしまいがちですが、**常温の水**が一番です。またアルコールは避けましょう。運動直後は血液の循環が良くなっていますから、酔いがまわりやすくなるので厳禁です。

## ②食事は退水後1時間以上たってから！

運動後は、適度な疲労感をともないます。個人差もあるとは思いますが、食事(＝固形物)を取るのは、退水後1時間ほどのインターバルを取った後のほうがいいでしょう。もちろん、サンドウィッチやちょっとしたスイーツでしたら問題ないかと思いますが、運動直後は筋肉も脳も内臓もある程度興奮状態にありますから、やはり退水直後の〝重い食事〟は避けたほうが無難だと思います。

## ③運動当日の暴飲暴食は避ける！

食事に関しても、栄養バランスの取れたヘルシーなものを食べるようにしたほうが、水中運動の効果がより一層現れることは間違いありません。「運動でカロリーを消費したのだから、ちょっとぐらい大丈夫！」と油断して、暴飲暴食してしまうことだけは避けましょう。

PLUS α ❷ Information

# 表情筋を鍛えて めざせ 微笑《ほほえ》み美人！

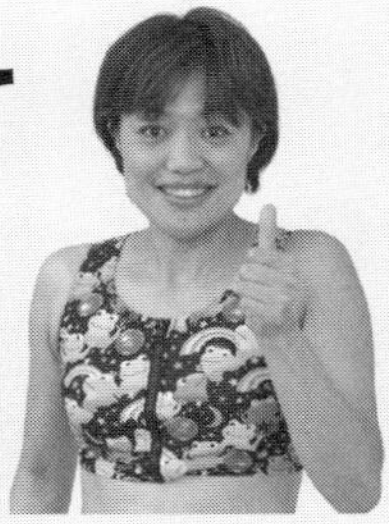

水に入ると、皆さん輝いてみえます。イキイキと、楽しげで、それだけで実年齢より若く見えるものです。水の持つリラックス効果だけでなく、思った以上に身体が軽く感じ、可動域も広くなり、イヤな痛みを感じることなく身体が動くことで、自然と表情がほころぶのです。

「若々しさ」「美しさ」と「（顔の）表情」は密接な関係があると、私は考えます。ところが、残念なことに加齢とともに顔の筋肉も衰えます。それにより、**血行が悪くなり、顔のくすみやシミの発生につながる**のです。また、しわも増え、実年齢より老けてみえてしまうのです。

つまり、**身体（＝ボディ）同様、顔も鍛える（＝トレーニングする）ことにより、若さを維持することが可能**なのです。水中運動を実践している人たちには、水の力がもたらす〝自然の力が与えてくれる美しさ〟（＝ナチュラル・ビューティ）をぜひ手にしていただきたいのです。

ボディ・メイクと並行して豊かな表情を手に入れ、さあ〝微笑み美人〟をめざしましょう！

# 微笑み美人になるための
# 表情筋トレーニング

## ①大きなアクションで表情筋を動かそう！

人間の顔は、実は 30 以上の筋肉から成り立っています。だれでも簡単にできる「発声エクササイズ」で、口元の筋肉を鍛えましょう。口元は引き締まり、頬や口角が上向きになるので若々しい顔になります。（**「青い家＝あ・お・い・い・え」「愛を追え＝あ・い・を・お・え」**といった具合いに、大きな動きを心がけて！）

プールで声を出すのが恥ずかしければ、無声でもいいですし、〝ヘン顔〟を人に見られたくなかったら、家の鏡の前でもお風呂に入ったときでもいいでしょう。

## ②滑舌《かつぜつ》をよくして、ほうれい線にサヨナラ！

食事の際によく噛むことや、歌を歌うことも口元の筋肉を鍛えます。結果的にほうれい線を薄くし、老けて見えるリスクを下げてくれます。おなじみの**「なまむぎ　なまごめ　なまたまご」**や**「となりのきゃくは　よくかきくう　きゃくだ」**といった**「早口言葉」**は滑舌をよくし、口元の筋肉を鍛えるトレーニングとして効果があります。

## ③お友だちとの会話が表情美人を作る

おしゃべりをすることでも口元の筋肉は鍛えられます（食事をする際にも、よく噛むことで口まわりやアゴ、頬の筋肉が鍛えられます）。会員制のジムに入会された方はもちろん、公共の施設でも定期的に通ううちに顔なじみができれば、しめたもの。あいさつから始まり、じょじょに話す機会が増えれば、自然と表情もイキイキと若返っていきますよ。

PLUS α ③ Information

# ふくらはぎは〝第二の心臓〟

## セルフ・マッサージ＆ストレッチのススメ！

古くは紅茶きのこ、リンゴダイエット、卵ダイエット、パイナップルダイエット、そしてキャベツダイエット、ジョギングにウォーキングなどなど、健康法にも流行《はや》り廃《すた》りがあります。また、多少の出費がともない、効果のほども個人差がある、といったところが共通するようです。

では、いったい現在話題になっている健康法は何かといえば、昨年から今年にかけて話題になっているのが**「ふくらはぎマッサージ」**ではないでしょうか?

本誌61ページ、108～109ページ、111ページでも紹介していますが、ふくらはぎは〝第二の心臓〟といわれるように、マッサージやストレッチを行うことで、**血液やリンパの流れがよくなり、様々な効果が期待できる〝健康の宝庫〟**ともいえるポイントです。また、ふくらはぎマッサージやストレッチは、いつでも、どこでも、気が向いたときに「手軽にできて場所も取らず、お金もかからず、しかも効果が期待できる」、まさにお手軽エクササイズの代表格といえます。

# ふくらはぎマッサージ & ストレッチ

転倒防止、足のむくみ改善、足の衰え防止、美脚効果など、様々な効果が期待できます。復習になりますが、ふくらはぎマッサージを行ううえでの注意点を、再度、次にあげますので、さっそく今日から実践してみてください。

## ①基本は下から上に向かって！

血流やリンパの流れ、また老廃物の滞留を除くために行うものですから、必ず下から上へ（足首からふくらはぎに向かって）移動するようにします。

## ②骨と筋肉のキワにある〝痛気持ちいい〟ポイントを攻めよう

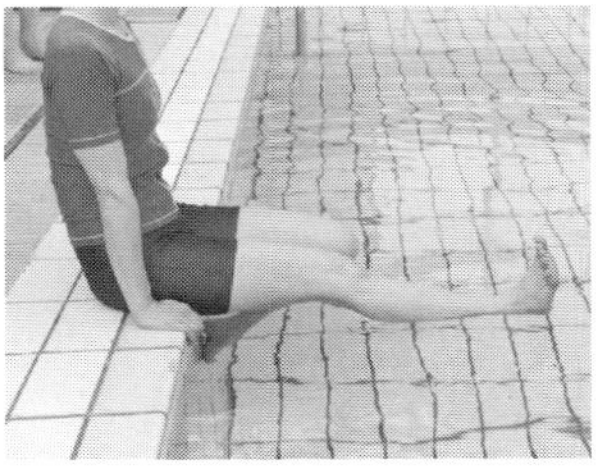

下肢を重点的に指圧する場合は、筋肉と骨のキワ(＝骨の裏側)がポイントになってきます。個人差がありますが、〝痛気持ちいい〟ぐらい圧をかけるようにしましょう。

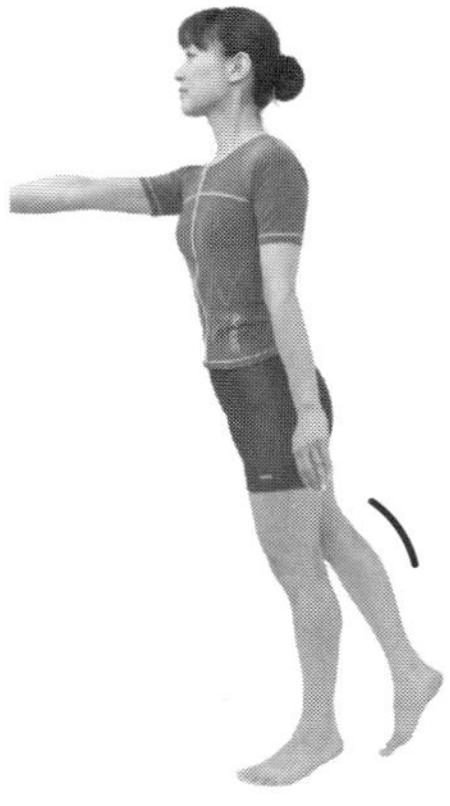

## ③美脚効果もバッチリ！

家のふすま、道路や階段のちょっとした段差を利用して、アキレス腱からふくらはぎを伸ばすストレッチを行うことで、ポンプの働きで、血液の循環がよくなります。また、ふくらはぎが締まった美脚効果が期待できます。

家で、オフィスで、お風呂の中で、また長時間同じ姿勢を取り続ける飛行機や新幹線の中でもほんの１～２分行うだけでも、足が軽く感じられるはずですよ！

PLUS α ❹ Information

# 家トレ、バス（お風呂）トレをしよう！

「家の近所にプールがないから」
「会員制のスポーツジムは月謝が高くて…」
「ひとりでプールに行くのは何だか気後れする」

そんなアナタは、ご自宅でお風呂に入ったときに、簡単な運動（ストレッチ中心ですが）を行ってみてはどうでしょう？

　これなら周囲の目を気にすることも、出費も抑えられますし、何より忙しい主婦にとっては時間の節約にもなりますよね！

　ただし、〝風呂トレ〟を行うときには、幾つかの注意点があります。左記の注意点を守って、リラックスしながらバストレをしてみてくださいね。

# バス(お風呂)トレーニング

## ①基本は血行の促進を促し、筋肉疲労の回復に努める

水中運動を行った日は、ぬるめのお湯にゆっくり入って（心臓に負担がかからず、副交感神経を刺激し、**安眠効果を促す適温は、体温プラス３～４度以内（＝36度～38度）**と言われています）、身体を休ませるようにしましょう。

## ②やりすぎない！

お風呂では、あくまでもストレッチの域を出ない〝軽め〟の運動を心がけてください。心臓が弱い方や高血圧の方は、特に注意が必要です。通常、プールの水温は30度から32～33度で設定されています。**35度以上の水温で運動を行うと、心拍数が上がり、どうしても心臓に負担をかけてしまいます。**

よく「銭湯や温泉などで水中運動を行ってはダメですか？」といったご質問をいただくことがあります。ゆったりとしたスペースがあり、ついプール代わりに…という気持ちもわからないわけではありませんが、答えは絶対に**NO！**です。

もし、行うにしても、足指のストレッチや前のページで紹介したふくらはぎのマッサージ、ふくらはぎツイストといったあまり負荷の高くないものにとどめるようにしましょう。

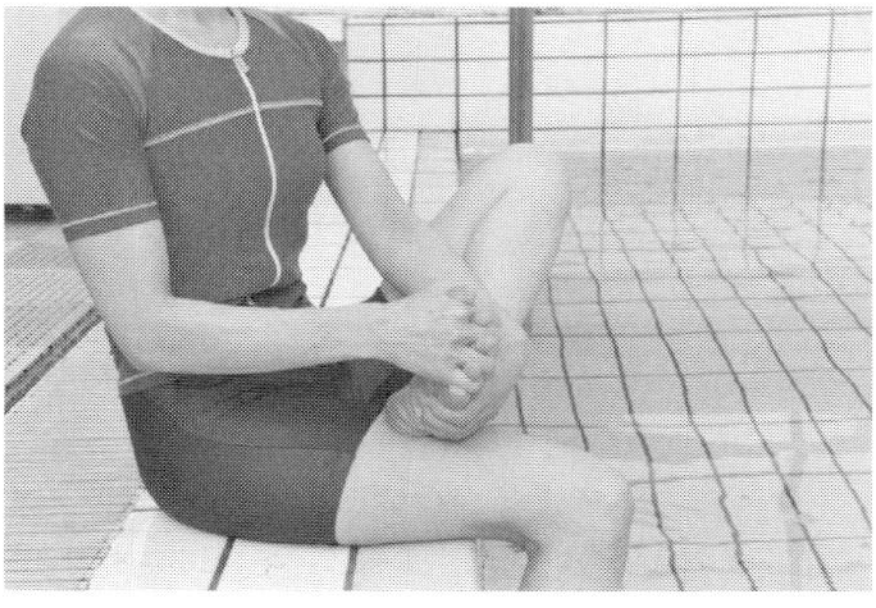

トータルレッスン

# 上半身中心 セットメニュー

ここで紹介した12の運動は、水中運動を始められてまだ間もない方のために、本誌で紹介した運動の中から上半身をすっきりする効果があるものを集めた「セットメニュー」の一例です。2か月、3か月と続けていくうちに、内容や順番、回数、長さなどは自分なりにプログラミングしてみてください。自分の頭で考えることも、老化防止や若返りの一助になりますよ。

**❶** 46〜47ページ
**ウォーミングアップ 足指・足首グーパー体操**

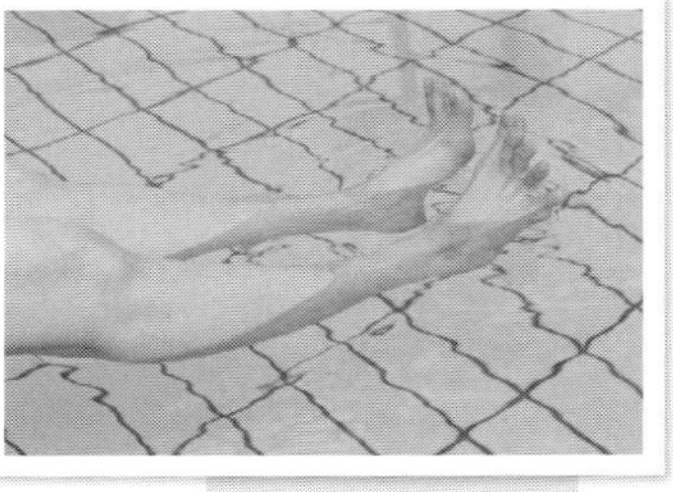

**❷** 86〜87ページ
**ネック・ストレッチ、ショルダー・ストレッチ**

**❸** 69ページ
**腕・肩まわり ストレッチ**

**❹** 89ページ
**振り袖 バイバイ体操**

**❺** 53ページ
**なんでやねん体操**

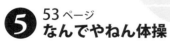

**6** 83 ページ
**ポーズダウン体操**

**7** 90 ページ
**かかえ込みエクササイズ**

**8** 64〜65 ページ
**大股ウォーキング**

**9** 72 ページ
**バルーンエクササイズ**

**10** 94〜95 ページ
**どすこいツイスト**

**11** 55 ページ
**ロールアップ体操**

**12** 57 ページ
**水面ワックスがけ運動**

## トータルレッスン

# 下半身中心セットメニュー

主に下半身をすっきりさせる効果があるものを集めたセットメニューです。１項目３分、全体で30 ～ 40 分で終わるように組んであります。その間に水分補給や、短い休憩やインターバルをはさんでください。注意点としては、決してがんばり過ぎないこと。「痛気持ちいい＋アルファ」「効いているなぁ＋アルファ」を目安にしてトライしてみてください。

**❶** 46～47 ページ
**ウォーミングアップ 足指・足首グーパー体操**

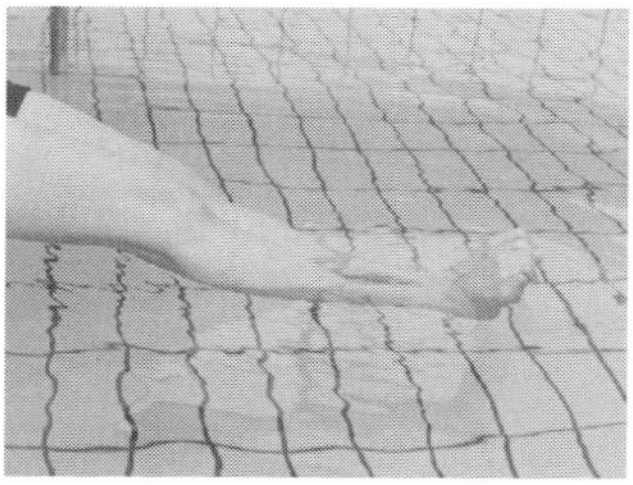

**❷** 108～109 ページ
**シザース運動**

**❸** 72 ページ
**バルーン エクササイズ**

**❹** 44～45 ページ
**壁のぼり運動**

**❺** 48～49 ページ
**ロールウォーキング**

**6** 64〜65ページ
**大股ウォーキング**

**7** 84〜85ページ
**なでしこ・ツイスト**

**8** 92〜93ページ
**六法ウォーク**

**9** 102〜103ページ
**ジャンプ・スクワット**

**10** 98〜99ページ
**スタンディング・マーメイドキック**

**11** 42〜43ページ
**サイドクロスウォーキング**

**12** 55ページ
**ロールアップ体操**

# 効果バッチリ！早見チャート

| | 足首をキュッと引きしめたい | 外反母趾を改善したい | X脚、O脚を矯正したい | お尻ふり歩きをなおしたい | 歩くスピードを改善したい | 転んだり、つまずくのを改善したい | 引きしまったお尻になりたい | ポッコリ下腹をやせさせたい | ウエストを細くしたい | 猫背を矯正したい | うなじから鎖骨のラインをすっきり魅せたい | 顔の輪郭をシェイプアップしたい | 背中の肉をとりたい | 二の腕を細くしたい |
|---|---|---|---|---|---|---|---|---|---|---|---|---|---|---|
| P83　ポーズダウン体操 | | | | | | | | | ● | ● | ● | ● | ● | ● |
| P84　なでしこ・ツイスト | ● | | | | | ● | ● | ● | ● | ● | | | | |
| P86　ネック・ストレッチ | | | | | | | | | | | | ● | | |
| P87　ショルダー・ストレッチ | | | | | | | | | | ● | ● | ● | | |
| P89　振り袖バイバイ体操 | | | | | | | | | | | ● | ● | ● | ● |
| P90　かかえ込みエクササイズ | | | | | | | | | | | ● | ● | | ● |
| P91　かかえ込みエクササイズ持ちあげバージョン | | | | | | | | | | | ● | ● | ● | ● |
| P92　六法ウォーク | | | | | | | ● | ● | ● | | | | | |
| P94　どすこいツイスト | | | | | | | ● | ● | ● | ● | | | | |
| P97　腹筋ダウン法 | | | | | | | | ● | ● | | | | | |
| P97　腹筋アップ法 | | | | | | | | ● | ● | | | | | |
| P98　スタンディング・マーメイドキック | ● | | | ● | ● | ● | ● | ● | | | | | | |
| P100　水中足ぶみ | ● | | | ● | ● | ● | ● | ● | | | | | | |
| P102　ジャンプ・スクワット | ● | | | | | | ● | ● | | | | | | |
| P104　X脚・O脚改善ストレッチ | ● | ● | ● | ● | ● | ● | | | | | | | | |
| P105　ペンギン・ウォーク | ● | ● | ● | ● | ● | ● | ● | | | | | | | |
| P105　おいらん歩き | ● | | ● | ● | ● | ● | ● | | | | | | | |
| P106　かかと落とし | | | | | | | ● | ● | | | | | | |
| P108　シザース運動 | | | | ● | ● | ● | ● | ● | ● | | | | | |
| P110　足指マッサージ | ● | ● | ● | | | | | | | | | | | |
| P111　足アーチのツイスト | ● | ● | | | | | | | | | | | | |
| P111　ふくらはぎツイスト | ● | | | | | | | | | | | | | |

# 効果バッチリ！早見チャート

| | 足首をキュッと引きしめたい | 外反母趾を改善したい | X脚、O脚を矯正したい | お尻ふり歩きをなおしたい | 歩くスピードを改善したい | 転んだり、つまずくのを改善したい | 引きしまったお尻になりたい | ポッコリ下腹をやせさせたい | ウエストを細くしたい | 猫背を矯正したい | うなじから鎖骨のラインをすっきり魅せたい | 顔の輪郭をシェイプアップしたい | 背中の肉をとりたい | 二の腕を細くしたい |
|---|---|---|---|---|---|---|---|---|---|---|---|---|---|---|
| P40　フットシャクトリー | ● | ● | ● | | | ● | | | | | | | | |
| P42　サイドクロスウォーキング | ● | ● | ● | ● | ● | ● | ● | | ● | | | | | |
| P44　壁のぼり運動 | ● | ● | ● | ● | ● | ● | ● | ● | | | | | | |
| P46　足指グーパー体操 | ● | ● | ● | | | ● | | | | | | | | |
| P47　足指＋足首グーパー体操 | ● | ● | ● | | | ● | | | | | | | | |
| P48　ロールウォーキング | ● | ● | | ● | ● | ● | ● | | | | | | | |
| P53　なんでやねん体操 | | | | | | | | | | ● | ● | ● | ● | ● |
| P55　ロールアップ体操 | | | | | | | | | | ● | ● | | ● | |
| P57　水面ワックスがけ運動 | | | | | | | | | | | ● | | ● | ● |
| P59　イスしゃくとり～ | | | | | ● | ● | | | | | | | | |
| P63　股関節柔軟運動 | | | | ● | ● | ● | ● | ● | ● | | | | | |
| P64　大股ウォーキング | ● | | | ● | ● | ● | ● | ● | ● | | | | | |
| P66　テニスボールクラッシュ | ● | ● | ● | | | | | | | | | | | |
| P66　ひざ上筋肉のマッサージ | | | ● | | | | | | | | | | | |
| P67　足の筋肉やわらか体操 | ● | ● | | | | | | | | | | | | |
| P69　腕・肩まわりストレッチ | | | | | | | | | | | ● | ● | | ● |
| P70　表情筋ストレッチ | | | | | | | | | | | | ● | | |
| P71　こめかみぐりぐり | | | | | | | | | | | | ● | | |
| P72　バルーンエクササイズ | | | | | | | | ● | ● | ● | | | | |
| P75　マサイ・ジャンプ | ● | | | | | | ● | ● | | | | | ● | ● |
| P78　水中足ぶみ | | | | ● | ● | ● | ● | ● | | | | | | |
| P79　水中スクワット | ● | | | ● | ● | ● | ● | ● | ● | | | | | |

## 著者：八木　香（やぎ　かおり）

健康運動指導士。日本女子体育大学卒業。中・高等学校教諭一種免許（保健体育）。全国のスポーツクラブで長年、アクア・エクササイズ、アクア・リラクゼーション、アクア・パーソナルを実践指導。日本におけるアクア・パーソナル指導の第一人者。独自の水中運動「アクア・ボディ・コンディショニング（ABC）」を研究開発。現在首都圏の多数のスポーツクラブで導入され好評を博している。アクア・ボディ・コンディショニング・ディレクター（ABCD）健康運動指導士、特定非営利活動法人 北海道水中運動協会理事、高齢者機能改善研究会理事、特定非営利活動法人 楽しいスポーツを支援する会認定講師、日本ホリスティックコンディショニング協会 FCトレーナー、NESTA　JAPANA　PDAなど。


■ 著者　八木　香
■ 編集協力　橋本　孝幸
■ カバーデザイン　鈴木　明子（CROSS POINT）
■ デザイン　鈴木　明子／浮谷　佳織（CROSS POINT）
■ 撮影　大森　信彰
■ モデル　土肥　あゆみ
■ イラスト　ナトリサクラ
■ 編集　ビーアンドエス

八木式 プールエクササイズ
**水中運動でアンチエイジング**

著　者　八木　香
編　集　ビーアンドエス
発行者　田仲豊徳
印刷・製本　日経印刷株式会社
発行所　株式会社滋慶出版 / 土屋書店
東京都渋谷区神宮前3−42−11
TEL.03−5775−4471　FAX.03−3479−2737
http://tuchiyago.co.jp　E-mail:shop@tuchiyago.co.jp





この本に関するお問合せは、書名・氏名・連絡先を明記のうえ、上記のFAXまたはメールアドレスへお寄せください。なお、電話でのご質問はご遠慮くださいませ。またご質問内容につきましては「本書の正誤に関するお問合せ」のみとさせていただきます。あらかじめご了承ください。